知と学びのシリーズ

ノーベル物理学者が教える「自分力」の磨き方

眠っている己の才能に気づくヒント

理論物理学者・益川塾塾長
益川敏英
Toshihide Masukawa

ブックマン社

はじめに

私は物理学者の中でも、いわゆる「理論屋」です。実験を重ねて現象について何かを証明したりするのではなく、頭の中でアイデアをこねくり回して組み立てるのが仕事。こう言うと「さぞかし頭がいいのだろう」と感じるかもしれませんが、決してそんなことはありません。

一般的に「頭がいい」かどうかは、「学校の勉強ができる」とか、「試験で高得点が取れる」ということで判断されます。そういう意味では、私は決して「頭がいい」とは言えないのです。小学の頃から学校の勉強にはほとんど興味がありませんでしたし、宿題などもやったことがありません。当然、成績だっていいはずがありません。

そんな私がなぜ、ノーベル賞を取るほどの成果を残すことができたのか。

それは、私が自分の「向き・不向き」に気づくことができ、自分の「好きなこと」「興味のあること」に集中することができたからではないか、と思っています。

「向き・不向き」、あるいは「得意・不得意」というのは、きっと誰にでもあることでしょう。たとえば、私なら「数学」や「物理」は得意ですが、「英語」は不得意です。「数学」や「物理」の分野に興味を持ち、「好きなこと」だから一生懸命になれたし、「興味のあること」だからもっと知りたいという相乗効果が生まれました。そして、この「好きなこと」「興味のあること」である「物理」を仕事としてやり続けることができたからこそ、成果を残すことができたのだと思うのです。

とはいえ、自分にとっての「向き・不向き」というのは、なかなか見極めがむずかしいものでもあります。なぜなら、自分で自分を客観的に見るだけではわからない部分もあるからです。

そこで私が思うのは、根っこにあるのは、どのような自分になりたいかという、いわば「憧れ」のようなものなのではないか、ということです。

私は、子どもの頃に抱いた「憧れ」を忠実、かつ大切に育ててきました。それが、本当にもともと私に備わっていた「才能」なのかどうかはよくわかりません。もしかしたら、いわゆる「思い込み」といった要素が、多分に含まれているかもしれません。でも、私は思い込みでもいいと思っているのです。

自分の「憧れ」に気づき、いかにその「憧れ」へとアプローチしていくか、そして成果へとつなげるか。あくまでも私なりの方法論ですが、本書では、それを「自分力」と呼びたいと思います。

これから紹介するのは、あくまでも私にとっての「自分力」の高め方にすぎません。当然のことですが、一人ひとり異なる「才能」や「得意・不得意」を持つみなさんが、それぞれの「憧れ」へとアプローチする方法は、自分で見つけるしかありません。

それでも、私なりの方法論が、少しでもみなさんの「自分力」を高めるヒントになれば幸いです。

ノーベル物理学者が教える「自分力」の磨き方◎目次

第2章 自分と向き合って「自分力」を磨く

第3章　ムダなことをして「自分力」を磨く

第4章 人と向き合うことで「自分力」を磨く

第5章 「自分力」をいかに活用するか
――目標へのアプローチ法

序章
「自分力」とは何か？

「自分力」と「個人力」の違いはどこにあるのか

私が考える**「自分力」の第一の定義とは、「好きなこと」「興味のあること」をとことんまで突きつめて、結果へとつなげられる力**のことです。一見、「個人力」という言葉と似ているようですが、根本的には異なるものです。

では、どこが違うのでしょうか。「個人力」という言葉は、仕事などを数人～数十人で一緒に行う場合に、「チーム力」や「組織力」といった言葉との対比で使われることが多いでしょう。

ことに最近は、日本型の年功序列・終身雇用というキャリア形成が否定され、成果主義・実力主義と言われるようになってきました。これまで企業の中で、いわゆる「歯車の一つ」であった一人ひとりが、どのような成果を生み出すことができるかが問われる時代です。ですから、**「個人力」とは、自分ひとりで何かを作り上げる力**、と言い換えることができるかもしれません。

たしかに、ひとりきりで世界と向き合い、自分にできることについて突きつめて考えることはとても大切なことです。しかし、それは私が考える「自分力」とは少し違っています。

自分の好きなことを見つけ、それについて深く考えて追求し、そして結果を出す。そのプロセスは問いません。ひとりで結果を出してもいいし、ひとりで実現するのがむずかしければ、自分でチームを作ってもいい。つまり、「個人力」であれ「チーム力」であれ、それはあくまでもプロセスの一つであって、大切なのは目標へとアプローチするための推進力なのです。

この推進力となるのが、**自分が好きなことに気づき、それを追求しつづけ、時に周囲の人々を巻き込むことができるわがままさ、自分勝手さ。それこそが「自分力」**と言えるのです。

たしかに「自分力」の根底には、自分で考えて自分で行動するという「個人としての力」が大きく関わってきます。ただ、もともと稲作農耕民族であった日本人にとって、チームで結果を出す力は諸外国と比較しても格段に高いはずです。この力を、あえてムダにする必要はありません。一人ひとり異なる能力を合わせて、一つの目標へとアプローチすれば、「個人」よりも格段に効率的に目標を達成できる可能性が高まるからです。

■ 自分力と個人力の関係

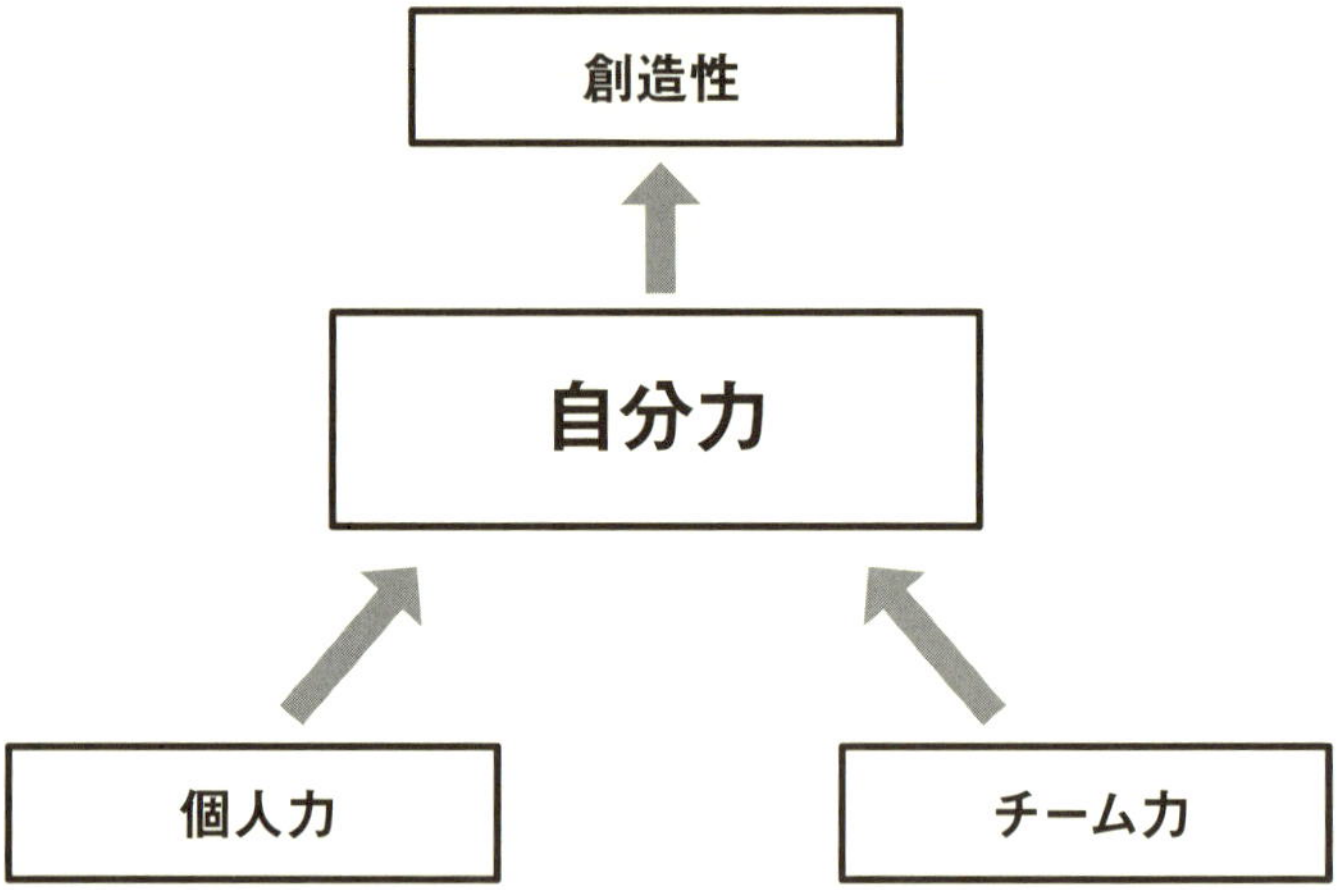

自分の「個人力」と他の人の「個人力」を合わせて一つの方向へと向かわせることができれば、自分ひとりだけよりも着実、かつ確実に目標へとアプローチすることができます。

たとえば、ボスとして君臨して人を動かすことに長けている人もいれば、参謀としてあれこれ作戦を練るのが得意な人もいるでしょう。チームで何かを実現するには、人を動かすことが不可欠であり、どちらの「個人力」も必要となってきます。

また、物理の研究で言えば、理論を構築するのが得意な人もいれば、計算が得意な人もいます。研究から一つの結果を生み出すためには、理論の構築も計算力も、どちらも必要なのです。そういった「個人」の力を合わせて何かを実現するのも、「自分力」だと言ってもいいでしょう。

なにも「個人」にこだわることはありません。個人で実現できること、ひとりのほうがやりやすいことは「個人」でやればいいし、逆に、ひとりではなかなか実現できないことは他の人の「個人力」に頼ればいいのです。

時と場合によって個人やチームの力を使い分け、「自分」が本当にやりたいこと、興味のあることを実現していく——。それこそが、私の考える「自分力」なのです。

なぜいま「自分力」なのか？

私の仕事の現場は主に大学ですが、ここから社会へと巣立っていく学生たちを見ていると、最近は仕事を取り巻く環境が大きく変わっているな、と感じます。終身雇用、年功序列といった、いわゆる日本型経営は過去のものとなり、いまや政官民一体となって雇用のさらなる流動化を推進しています。

雇用が流動化するということは、どの企業に勤めるかということではなく、一人ひとりの能力に応じた職種に就くということになります。これは、私たち研究者の仕事と似ています。

私にとって研究の仕事は、好きなことだけをやっていてお給料がいただけるうえ、理論物理学となるとデューティもほとんどありません。まさに、パラダイスとも言えるものでした。研究者というのは一人ひとりが専門職であり、どの大学に属するかということよりも、個人としてどのような研究をするか、ということのほうが重要なのです。

ビジネスの世界も、いずれ研究職と同じように、プロジェクトごとに専門性の高い分野で活躍できる人を集めて経営していく、というスタイルに変化していくのかもしれません。それでは、一人ひとりがこうした研究者のようなスタイルで仕事をしていくために必要なことは何でしょうか。

最近は、研究者たちもすぐに結果が求められたり、産学連携といったビジネスの視点を求められたりすることが多くなりましたが、研究者たちが研究を続ける原動力となっているのは「自分の興味・関心」です。これがなければ、研究を続けることはまず不可能でしょう。この**「自分の興味・関心」を追求できる人こそ、「自分力」の高い人であり、時代や環境が変わっても生き残ることができる人**なのです。

■ 自分力をいかに活用するか

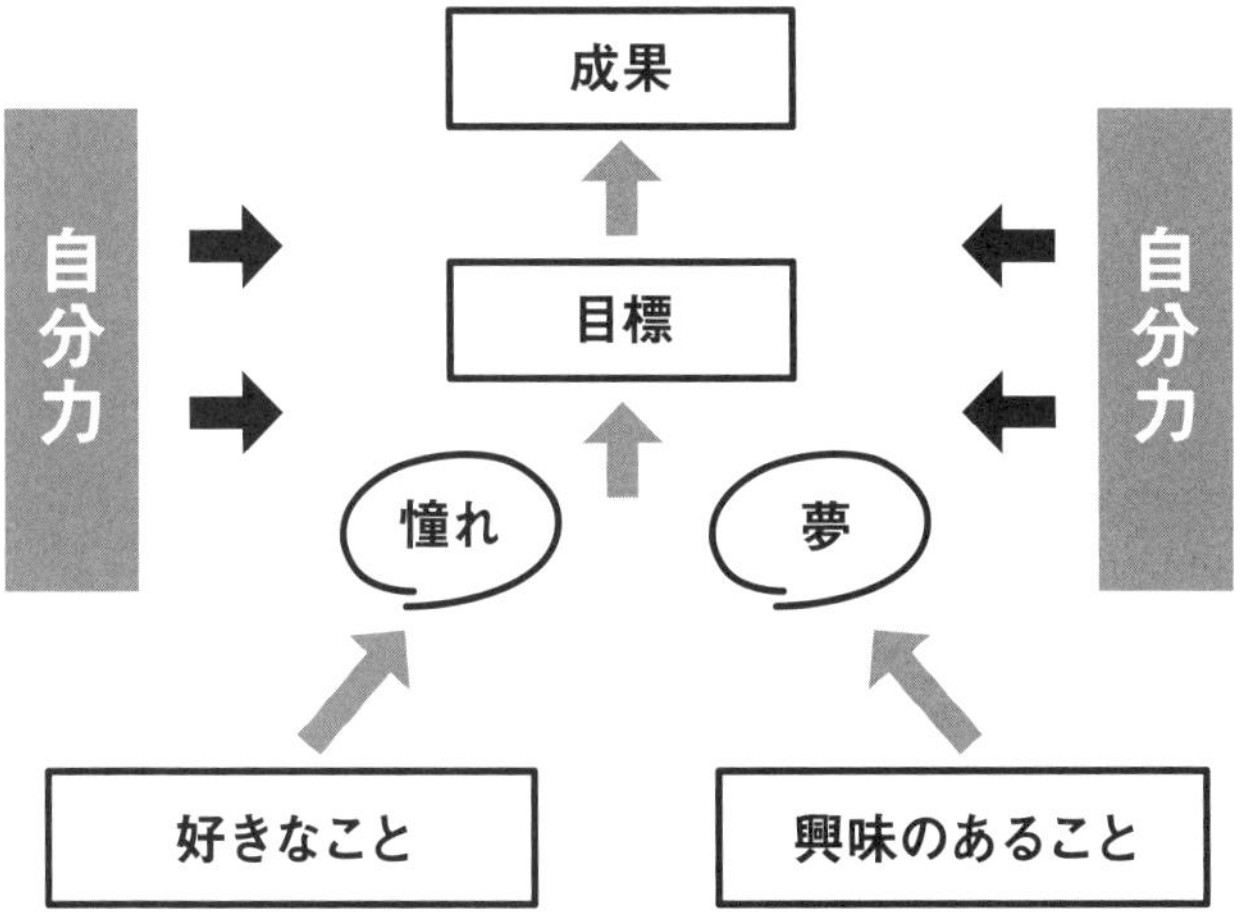

昔から、自分の興味や関心が明確で、それに対してブレずに生きている人はたくさんいました。そのような人たちが、歴史に残るさまざまな偉業を成し遂げ、科学を進歩させてきたことは間違いありません。一方で、当然のことですが、成果を残すことができなかった人もたくさんいることでしょう。

現代は変化のスピードが速く、先が見えにくい時代と言われています。そんななかで、「憧れ」や「夢」といった自分の興味・関心を追求しつづけることは、次第にむずかしくなってきているのかもしれません。だからこそ、私たち一人ひとりが「自分力」を高め、それぞれの「憧れ」や「夢」を追求することが、今後の日本社会においてとても重要になってくるはずです。それはなにも、研究者の世界に限ったことではありません。

ただし、突然「自分の興味・関心」を追求すべき、と言われてもなかなかすぐに実行できるものではないでしょう。そのためにはまず、自分自身のことをしっかりと見つめ直すことから始めなくてはなりません。

みなさんは、子どもの頃の「憧れ」や「夢」を覚えていますか？　私は今でもしっかりと覚えています。そして、その「憧れ」に向かって、一歩一歩進んできました。そこには少なからず、偶然や幸運といった要因も影響しています。ただ、「偶然」や「幸運」と出会うこと、そしてそれを掴めるかどうかも、自分次第なのです。なによりも重要なのは、自分の「憧れ」や「夢」を意識しているかどうか。そして、それに近づくための一歩を踏み出しているかどうかなのです。

今までそんなことを意識していなかった、という人も決して遅いというわけではありません。「今」の自分にとっての「興味・関心」をきちんと意識して、次のステップを目指すこと。そうすることで、「自分力」は着実に高まっていくのです。

「自分力」がアップするとどうなるか

今、日本が直面しているのは、成熟という問題です。高度経済成長の時代には、いいモノをたくさん、安く作ることが成功に直結していました。ところが、今や価値観が多様化し、技術は複雑化しています。日本が得意としてきた工業の分野においても、高品質大量生産ではなく、個性が求められるようになってきました。

これまで世界に君臨してきた日本製品は、価格面ではより安価な韓国製や中国製におされ、付加価値の面でもアメリカ製に勝てない――。まさに活路を見出せない状況にあります。この現象は特に製造業において顕著で、世界規模に拡大しつづける市場において、独自の強みを発揮できるイノベーションが求められているのです。

そこで、現在の日本ではこうしたイノベーションを起こすことができ、独創性のある人のニーズが高まっています。独創的なアイデアや技術で起業できる人でもいいでしょうし、企業の中にいて、独自のアイデアで人を引っ張っていけるリーダーシップのある人でもいい。とにかく、既存の価値観にとらわれることなく、新たなことに挑戦できる人が必要とされているのです。

では、このようなイノベーションを実現できる独創性は、どうしたら生まれるのでしょうか？　私は、そのためには「自分力」を高めることが不可欠であると思っています。前述のとおり、誰にでもある「憧れ」や「夢」が「自分力」の源です。それに気づき、近づこうとする推進力があるかどうか、それが「自分力」が高いかどうかという違いになってきます。

そのためには才能も必要でしょうし、運や偶然といった要因も必要かもしれません。あらゆる可能性を駆使して、それに近づこうとする人こそが「自分力」の高い人であり、そういう人こそ、これまでにないアイデアやチャレンジ精神を実際に形にしていくことができると思うのです。

次章からは、こうした「自分力」を高めるためには、どうしたらよいのかについて考えていくことにします。その前にまず、「夢」や「憧れ」へと近づくために必要不可欠な、自分の「才能」をどうやって見出すか、ということに焦点を当ててみたいと思います。

第1章

才能を意識することから「自分力」は生まれる

自分の中の「種」を見つける

自分の好きなこと、興味のあることをとことん追求して、独創的なチャレンジを実現し、結果や成果に結びつける——。そんな「自分力」の高い人になるためには、まず何をするべきなのでしょうか。

最も大切なのは、自分の中にある「種」を見つけることです。ここで言う種とは、簡単に言ってしまえば才能のこと。誰にでも、他の人にはない才能がありますが、実際に自分の才能を信じて突き進むことができている人は、それほど多くないはずです。

なぜなら、自分の才能や資質を見極めるのは、簡単なことではないからです。興味や関心、情熱を感じる分野はあるけれど、自分がその分野に向いているのか、それが他の人にはない才能なのかと問われると、ちょっとよくわからなくなってしまいます。そのため、なんとなく目の前に与えられた選択肢の中から選んでしまう、という人も少なくありません。

でも、それで本当に自分自身と向き合ったと言えるのでしょうか。たしかに、自分から何かを得ようとしなくても、目の前にはそれなりに選択肢が並びます。けれども、それは本当に自分が望んだ選択肢なのでしょうか。もしスタートの位置を間違ってしまうと、自分が望む自分と、現在の自分はどんどんかけ離れていってしまいます。まずは、スタートの位置を決めること。そこから、じっくりと考えてほしいのです。

高度情報化と言われる現代に生きる私たちは、あまりにも多様な情報にさらされています。情報が多すぎて、少しでも興味のあることだけに限定したとしても、それらすべてに目を通すことは不可能です。仕事、生活などに対するスタイルも人それぞれで、こうでなければならないという決まりはありませんし、そのすべてをきちんと理解したうえで選択することも不可能です。それでは選びようがない、と感じてしまうかもしれません。実際に、「選べない」という人も少なくないでしょう。

だからこそ、原点に戻るべきなのではないか、と私は思います。原点とは、自分自身の奥深くに潜む「憧れ」であり、「夢」のこと。現在の環境や既存の価値観などについては一度リセットして、自分の心の中を再確認してみてほしいのです。きっと、何かが見えてくるはずです。

才能とは可能性にすぎない

子どもの頃、なにも選ぶ前の私たちは、あらゆる可能性に満ちていました。ただし、それは決して長くは続きません。前に進もうとしたとき、いくつかの道の中から一つを選ばなくてはならない場面が出てくるからです。

その時に心がけたいのは、「憧れ」や「夢」へと近づく方向を選ぶことです。そのヒントは、自分が得意だと感じることにあります。

誰にも、今までやってきたことの中で、「これをやっている時間は楽しかった」「時間を忘れて集中することができた」ということが一つや二つはあるでしょう。もちろん、私にもありました。それが、将来仕事につながるかといったことは、この際関係ありません。まずは、自分が得意だと感じたこと、興味を持てたこと、好きなことを見つけることです。

まだ、そういうことに出会えていないという人もいるでしょう。私もこれまでに「自分が何が好きなのかがわからない」という学生をたくさん見てきました。それでは自分の中の才能に気づくことすらできません。

もし、**「好きなこと」や「興味のあること」に出会えていないなら、まずは「まだ自分がやっていないこと」にチャレンジしてみましょう。**それが「学校の成績向上に役立つ」とか、「仕事のうえでのキャリアアップに役立つ」といった視点は無視して、既存の価値観にとらわれず、「今までの人生で経験していないこと」に挑戦してみるのです。そうすれば、きっと「これは自分には向いていないな」、あるいは「やっていて楽しいな」といったことが見えてくるはずです。これこそが、才能の種なのです。

才能と言うと、他の人よりも秀でている必要があると感じるかもしれませんが、決してそんな必要はないと私は思っています。実際、辞書には「物事を巧みになしうる生まれつきの能力。才知の働き」とありますが、「他の人よりも優れている能力」とは書かれていませんね。

では、どうすれば「物事を巧みに」なしうるのでしょうか。実は、それが「好きなこと」「興味のあること」と大きくかかわっているのです。

私は、子どもの頃からの「憧れ」である物理学の分野に進んだことで、情熱を持って仕事に取り組むことができました。決して器用ではありませんし、頭がいいわけでもなかったはずですが、それでも情熱があったからこそ、今まで続けることができたのです。

才能は、誰にでもあります。誰にでも、他の人にはできないことを実現できる可能性があるということです。ただし、その才能に気づくかどうか、その才能を発揮できるかどうかは、その人次第。きちんと自分を見つめ直し、得意なこと、好きなことを発見できさえすれば、その才能を磨いて開花させることが可能になるのです。

自分の才能に気づくヒント

自分の才能に「気づく」ための第一歩は、自分と対話することです。自分自身の心の中にある「好きなこと」「興味のあること」の種を見つけること。その種が見つからないことには、育てようがありませんよね。

私は理論物理学者ですから、基本的には自分で考えることが仕事です。自分で自分に問いかけて、自分で答えを出して、ちょっと待てよ、それはおかしいぞとか……すべてひとりでやるわけです。今まで誰も証明したことのないことを証明しようとしているわけですから、仮に誰かにたずねたとしても、答えが返ってくることはありません。

みなさんは一人ひとり異なる環境、世界で生きているわけですから、まずは**自分自身に問いかけて、自分自身で答えを出す、という習慣を心がけてほしい**と思います。

私は子どもの頃、自分で自分に問いかけたときに、まず最初に考えたのは、「人と違うことをやりたい」ということでした。根っからの天邪鬼《あまのじゃく》なのかもしれません。昔からスタンダードなもの、他の人がやっていることにはなるべく近づかないようにしていたような気がします。**自分の性格についてきちんと把握しておくことも、自分の才能に「気づく」ための一助となる**ことでしょう。

私の知るかぎり、身体の小さい人はおおむね負けず嫌いです。当然、私も。ですから、単純に勝ち負けで測れるようなところで勝負したくないというか……、他の人と同じことで競争するのはいやだ、と思ってしまうんですね。これは突きつめて考えていくと、やはり職人気質だった父親の影響を受けているのかな、と思います。

私の父は、戦前は家具職人、戦後は砂糖問屋をしていましたが、いろんなことに興味を持っている人でした。たとえば、地球と太陽、月の位置関係から月食、日食について教えてくれたり、車を走らせる時にはトルク(力と距離の積で表される量)を考慮すると、燃費がもっともいい「最適スピード」というのがあることを教えてくれたり……。そんな父の影響もあって、人と競争するのではなく、人と違うことで自分らしさを発揮したい、そう思うようになりました。

大学の研究でもビジネスでも同じだと思いますが、まわりの人はその人が自ら考え、動けるような刺激を与えるだけで、具体的に何かを教えてくれるということはほとんどありません。たとえ教えてくれたとしても、その人と同じことをまったく同じようにできるはずなどありません。すべて自分なりに理解して、自分のものとしてアレンジしなくてはなりません。結局のところ、自分で問いを探し、自分で答えを探すしかないのです。

だから、みんなもっとわがままに、自分らしさを追求していいんじゃないかな、と思いますね。わがままと言ってしまうと、どこか否定的な響きがありますが、それこそが、自分の才能に「気づく」第一歩なのですから。

「おもしろい」という感覚を大切にする

私はもともと、友人たちとつるんで何かをするよりも、ひとりでいるほうが好きな子どもでした。ひとりの時には、たいてい読書をしたり、音楽を聴いたりしていました。

そういう時間を過ごすなかで、いつの頃からか、数学や物理の本、論文などに出会い、夢中になって読むようになりました。それが、私にとっての「好きなこと」「興味のあること」との出会いであり、「得意なこと」に気づくきっかけでした。

最初に手に取ったのは、培風館から出版されていた数学のシリーズで、たしか『行列と行列式』だったと思います。それを読んだら、おもしろくてね。岩波から戦前に出版された数学の本もたくさん読みました。戦前の数学の本というのは、ただ理論や法則が書いてあるだけではなく、この学問がなぜ重要なのか、といったことまで解説されているのです。それこそ、数学などの学問の導入期にあたっていて、その参考書だったわけです。

こうした数学の参考書と出会って以降、古本屋さん巡りが趣味になり、次第に数学の世界にのめりこんでいくようになりました。小遣いが貯まるまでどうか売れませんようにと祈りながら古書店に通っていたことを思い出します。

もし、私がそのまま数学に興味を持ちつづけていれば、今ごろは数学者になっていたかもしれません。ところが、私が大学生の頃の数学は、１９３０年代にフランスで興った「ブルバキ学派」という、集合論の上に現代数学を厳密、かつ公理的に打ち立てる手

■ バナッハ＝タルスキーのパラドックス

有限個の部分に分割し、それらを回転・平衡移動操作のみを使ってうまく組み替えることで、元の球と同じ半径の球を二つ作ることができるのはなぜ？

法が流行していました。これは、数学本来の「考える」ということよりも、「整理する」ということに重きを置いているように思えて、あまり魅力が感じられなくなり、物理のほうへと進むことにしたのです。

それでも、数学というのは奥の深い学問です。たとえば、「バナッハ＝タルスキーの公理」という「選択公理」の一つがあるのですが、これはある意味、とても衝撃的です。そもそも「選択公理」というのは、ちょっとむずかしいですが、「どれも空でないような集合を元とする集合（集合の集合）があったときに、それぞれの集合から一つずつ元を選び出して新しい集合を作ることができる」というものです。

それをもとに、バナッハとタルスキーは「有限個の部分に分割し、それらを回転・平行移動操作のみを使ってうまく組み替えることで、元の球と同じ半径の球を二つ作ることができる」と証明してしまうのです。

これが「バナッハ＝タルスキーの公理」と言って、パラドックスなんですね。だって、普通に考えたら、一つの球を分割して元と同じ球を二つ作れるなんて……そんなバカなことはないだろうと思いますよね。ところが、これはきちんと証明されているのです。

こういうものを読むと、やっぱり数学っておもしろいなぁと思います。

ですから、今でも数学の本はよく読みます。でも、それは別に「何か仕事に役立てよう」とか、そんなさもしい心からではありません。単純に、おもしろいから読むのです。

この**単純に「おもしろい」という感覚こそが、実は自分の中に隠れている「才能」に気づく大きな要素**なのです。

思い込みが「得意」をつくる

私は数学の本を読んで、おもしろいなと感じたこと、興味を持ったことで、どうやら自分は数学や物理に向いているのではないか、と考えるようになりました。これは、今から考えると、ほとんど錯覚と言ってもいいくらいの思い込みです。でも、そうやって思い込むことで、臆することなく数学や物理の世界へと進んでいくことができました。

私は、**好きなことや興味のあることに対しては、けっして尻込みすることなく、自分はそれが得意なのだと思い込むというのも、実はとても大切なこと**だと思っています。これも、一つの才能と言ってもいいかもしれません。子どもの成長などを見ていると、それがよくわかります。

私は辞書が好きで、家にもたくさんの辞書が置いてあるのですが、ある時、息子が私の字源辞典に興味を持ち、学校で授業中に読んでいたそうです。それが先生に見つかって以来、先生は息子に「この字の成り立ちは？」などとたずねるようになったとか。子どもにとっては、興味のあることはすぐに「好き」につながります。「好きこそものの上手なれ」ではありませんが、やはり好きなことであれば、自然と得意になっていくものなのです。

逆に、ちょっとしたことがきっかけになって、自分には向いていないんだなと感じることもあります。

みなさんはすでにご存知かもしれませんが、私は英語が不得意です。ノーベル賞の受賞式典でも英語が喋れないので、日本語でスピーチしたほど。とはいえ、科学の論文は基本的に英語で、世界に向けて発表しますし、海外の研究者たちの手による論文は英語で書かれています。ですから、実は英語を読むことはできるのです。特に物理の論文なんて専門用語ばかりですから、単語と文法さえ理解していれば、たいてい意味はわかります。けれども、喋れないし、書けない。

そこで、なぜ英語が得意じゃないのかな、興味を持てなかったのかな、と考えてみました。それで思い出したのは、中学に入学して、英語の勉強が始まってすぐの頃の授業にありました。

先生に「教科書を読んでみろ」と言われたんですね。その時に「ｍｏｎｅｙ」という単語を「モネー」と読んで、クラスメイトたちに大笑いされてしまった。先生にも笑われてしまって……。その時に、「あー、英語は自分には向いてないんだな」と思い込んでしまいました。一種のトラウマですね。それ以来、英語はまともに勉強したことがありません。

同じようなことは、きっと誰の心の中にもあるでしょう。親や先生に褒められたり、友達にすごいね、と言われたり。そんなちょっとしたことで、興味や関心の内容は大きく変化してしまうものでもあるのです。私だって、英語の授業で先生に褒められていたら、もしかすると今ごろは英語もペラペラだったかもしれません。

得意なことも、苦手なことも、ある意味では思い込みなのだと思います。いろんなことに興味を持って日々を過ごしているなかで、おもしろいな、得意だな、もっと知りたいな、やってみたいな、他には何があるのかななどと心に引っかかることがきっとあるはずです。それらを一つひとつ自分の心に問いかけて、追求してみてほしいと思います。するとそれが、ただの「好き」から、得意分野へと育っていくかもしれません。そしてそれこそが、他の人にはない、あなただけの才能となるのです。

きっかけは「憧れ」でいい

自分が好きだと感じること、得意だと感じることから、内面に潜んでいた「才能」に気づき、意識することができるようになります。

では、こうした「好き」とか「得意」といった意識は、どこからくるのでしょうか。私は、その根底にあるのは間違いなく、「憧れ」であると思っています。「憧れ」と言うと、どこか漠然としていて、無責任で、手の届かないもの、という印象があるかもしれませんが、決してそんなことはありません。

たとえば、史上最高の文学百選にも選ばれているセルバンテスの小説『ドン・キホーテ』は、騎士道物語、いわば当時のロマン小説に憧れて、自分のことを伝説の騎士だと思い込んでしまった男の物語です。

自らを騎士だと思い込んだドン・キホーテは、ロシナンテに跨って、従者サンチョ・パンサを引き連れて旅に出ます。ドン・キホーテが物語を通じて成長したかどうかはわかりませんが、彼は「憧れ」に導かれ、「憧れ」に向かって第一歩を踏み出します。

ドン・キホーテと同じように、私たちも「憧れ」に向かって歩き出すことさえできれば、その後さまざまなことを体験し、困難にぶつかったり失敗したりするなかで、少しずつ目標へと近づいていくことができるのです。

ひと言で「憧れ」と言っても、その対象は人それぞれでしょう。けれども、「憧れ」がなければ、自分を高めたり、何かになろうという意識などけっして生まれてこないはずです。

当然ながら、ただ漫然と過ごしていたり、じっと待っているだけでは、決して「憧れ」に出会うことはできません。まずは、自分の周囲にアンテナを張りめぐらせ、好奇心を持ってさまざまなことに首を突っ込んでみることです。そういう意味で、私は「**憧れ**」**の源となるのは、好奇心と感動**だと思っています。

私が物理学に興味を持つようになったのは、アインシュタインへの憧れがきっかけでした。アインシュタインの特殊相対性理論を最初に読んだ時には、その内容がすべて理解できたわけではありませんでしたが、これが世の中で「正しい」と認められ、評価されているということは、きちんとした理由があるのだろうと考えたわけです。

そこから興味を持って物理学の本を読むようになり、たぶん新聞だったと思いますが、名古屋大学の物理学教室を率いていらっしゃった坂田昌一教授の坂田理論を読んだのです。この坂田理論との出会いが、私の将来を決めたと言っても過言ではありません。その時、自分も物理の研究をしてみたい！　と思ったんですね。

実は、それまで教科書などに掲載されている科学的な大発見の数々は、ヨーロッパやアメリカなどで行われている、いわば遠い世界のものという認識しかありませんでした。ところが、そんな時に出会ったのが坂田理論です。

これは本当に偶然で幸運だったと思うのですが、それまで遠く離れた世界にあったものが、当時私が暮らしていた名古屋にあると知ったのです。地元の名古屋大学で、今まさに世界的に重大な研究が行われている。それは大変な驚きで、まさに運命の瞬間と言えるものでした。そんなに近くで最先端の科学の研究が行われているなら、その現場を見てみたい！　と考えるようになったのです。

私の場合は、先人たちが発明した真理に対する「憧れ」があって、はじめて「最先端の研究現場を見てみたい」という具体的な目標が生まれました。そして、研究者の道を志すようになったのです。

この最初の「憧れ」があったから坂田理論に出会うことができ、坂田理論に出会ったから名古屋大学の理学部を目指した――。私にとって、研究の道へと進む後押しをしてくれたのが「憧れ」だったのです。

その後も、科学者として大きな壁に突き当たりながらも研究を続けることができたのは、やはりこの「憧れ」が大きな原動力になっていたことは間違いありません。

憧れに向かって一歩を踏み出す

学校の勉強でもいいし、家族をはじめとする身近な人の影響でも、テレビや書籍などからでもいいのですが、自分の心を見つめ、まず、自分は何に対して「憧れ」を持っているのかを問いかけてみましょう。

もし**「憧れ」を見つけることができたら、次にその「憧れ」へ近づくためにどうすればいいか、を考えるべき**です。そうやって一歩を踏み出すことによって、その憧れが本物か、あるいは自分に向いているのかどうかなど、いろいろなことが見えてくるはずです。

たとえば、アメリカのメジャーリーグにいるイチロー選手の活躍を見て、自分も野球選手になりたい、という憧れを抱いたとします。そして少年野球を始めてみたら、実は打者ではなくてキャッチャーに向いている、ということがわかるかもしれません。一歩踏み出すというのは、そういうことです。

私の場合、科学者になって研究するという道を選びましたが、子どもの頃から「科学者になりたい」と考えていたわけではありません。数学や物理の本を読むうちに興味が広がり、坂田理論がきっかけとなって、せっかく名古屋に生まれたのだから、当時素粒子の分野で最先端の研究を行っていた「名古屋大学理学部の研究現場を見たい」と思ったのです。

とはいえ、そのためにはまず、名古屋大学に入学しなければなりません。その時に初めて、私の高校生活に目標ができました。

最初のハードルは、言わずもがなですが、大学入試でした。自分も好きで得意でしたから、数学や物理に関しては特別な試験勉強をしなくても問題なさそうでした。ところが、それ以外の科目となるとまったくダメ。当時の名古屋大学の入学試験は、たしか5教科で1000点満点で、理学部に入学するためには450点くらい必要だったと思います。数学と物理だけでは400点にもなりませんから、今から何をすれば合格できるかを考えたわけです。

そこで、不得意な科目に関しては、思い切って捨てることにしました。真っ先に切り捨てたのが英語です。数学と理科については、合計400点の9割をめざそう。国語は、漢字は怪しいけれど、文章を読むことは好きだし読解力もあるほうだと思うので、半分くらいはいくだろう。あとは社会で少し稼げばなんとかなるかな、と考えたわけです。

すべてに全力で立ち向かう必要なんてありません。たとえば、大学入試や入社試験といった壁なら、合格できるラインをきちんと見極めて得意分野に磨きをかける、というのも有効な方法なのです。

つまり、**目標に向かってスタート地点に立つためには、何をしたらよいのかを見定めることが、なによりも重要**なのです。

好きなことなら、夢中になれる

いろいろなことに首を突っ込んで、自分が好きで得意だと思えることを見つけ、それを目標にして、まずは一歩踏み出したとしましょう。しかし、時間とともにその関心や興味が薄れていったり、他に移っていくことがあるかもしれません。そのときは、いつでも引き返せばいい、と私は思っています。

目の前にある常識的な選択肢の中から一つを選ぶくらいなら、多少のリスクを冒してでも、自分の中にある「好きなこと」や「興味のあること」を追求してほしいと思います。

仕事でも、自分が好きなことや興味のあることを目標にしていれば、努力している、あるいは苦労しているという意識をしなくても、寝食を忘れて打ち込んでしまうことがしばしばあります。私の場合は、自分が選んだ物理学の研究がとてもおもしろくて、夢中になるとまわりが見えなくなることがよくありました。

研究というものは研究室だけで終わるものではなく、自宅でも考え続けていることも少なくありません。ですから、家では家事も子育ても、すべて妻まかせでしたね。手伝いをしなかったばかりか、どちらかと言うと迷惑をかけていたかもしれません。

と言うのも、私は考えごとを始めると、とたんに不機嫌になるらしいのです。ですから、私が考えごとを始めると、女房は子どもを連れてどこかへ散歩に出かけてくれたものでした。

寝食を忘れて打ち込むと言えば、私はかつて某企業の研究所で不思議な光景を目の当たりにしたことがあります。ちょうどお昼時の訪問だったので、食堂にお邪魔させていただいたのですが、12時になるとそこで働く研究者たちが一斉に現れて、列を作っているのです。

この光景を見て、なぜ私が不思議だと感じたのか。それは、内容にもよりますが、研究というのは時間で区切れるものではない、と思っているからです。実験とは結果の予測がつきませんし、時間のメドも立たないもの。何かおもしろそうなことが見つかれば、そのことに集中して食事なんてどうでもよくなってしまうことも少なくありません。それにも関わらず、多くの研究者たちが列を成している。これはきっと、彼らは昼食の時間にあわせて研究を終わらせ、後片付けをしていたということになるのではないか、と感じたからです。

　私が感じたことは、事実ではないかもしれません。けれども、人間というのは本当に好きなこと、興味のあることをやっていれば、時間の経つのを忘れてしまうものだと思うのは私だけではないでしょう。

　寝食を忘れるほど没頭できるようなことに出会えること。もしかすると、これほど幸せなことはないのかもしれません。もし出会うことができれば、**間違いなくそれが「才能」の種のはず**です。

第2章

自分と向き合って「自分力」を磨く

知ることは楽しいこと

私は研究者ですから、日々勉強をしているというイメージがあるかもしれません。ところが、私はそもそも「勉強」という言葉が好きではありません。

と言うのも、勉強の「勉」という字は、「無理して生み出す」という意味を持っているからです。そして、この勉に使われている「免」は女性が股を広げて子を生む形で、女性が出産する際の「産みの苦しみ」を表現しているのだそうです。

つまり、勉強というのは、「産みの苦しみを強いる」ということなのです。なんだかちょっと大変なイメージですよね。

一方で、英語で勉強を意味する「ｓｔｕｄｙ」は、ギリシア語のストゥディオが語源です。こちらは、「知る楽しみ」という意味です。私はこのストゥディオの意味を調べるためだけに、６万円のギリシア語辞典を購入してしまったぐらいですから、間違いありません。

「産みの苦しみを強いる」のと「知る楽しみ」とでは、ずいぶん意味が違うことがわか

■「勉強」と「study」はこんなに意味が違う

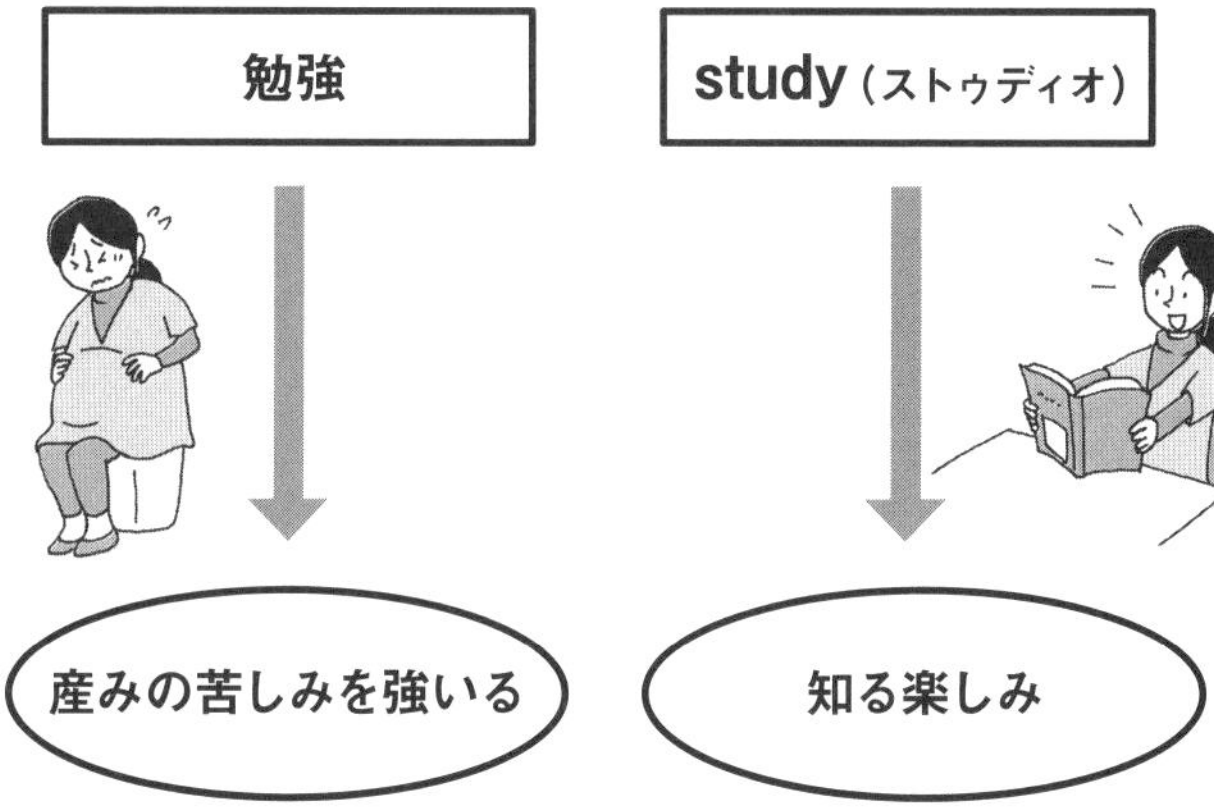

りますよね。学問を通じて新たなことを知る、未知なるものと出会うというのは、本来楽しいことのはずです。だから、日本語の「勉強」も、もっと「楽しみ」を感じられるような言葉に変えてしまえばいいのにと思ったりします。

以前何かで読んで、忘れられない記事があります。それは、小学生から高校生までの子どもたちに同じ算数の問題を解かせたところ、小学生が最も成績がよく、高校生が最低だったという内容でした。小学生にも解ける程度の問題ですから、決してむずかしい問題ではありません。

では、なぜこのような結果になってしまったのでしょうか。

私たちは小学生になって初めて、学問というものに触れます。その頃は、未知なるものに対する純粋な好奇心から、さまざまな知識を得て経験を増やしていきます。そういう意味で言うと、小学生の頃は新たなことと出会う勉強というのが、「知る楽しみ」なのかもしれません。

ところが、中学・高校へと進むにつれて、学問は未知なるものに対する純粋な好奇心ではなく、試験でより高得点をとるものへと変化していきます。よく子どもの理科離れと言われますが、小学生の頃、テストの点数など気にせずに学んでいた理科の実験や観察は楽しかったと思いませんか。また、社会人になってからの勉強と言うと、とかく資格の取得を目的とした内容となり、さらに「苦しい」面が多くなってくるでしょう。それでは、知的好奇心など磨かれるはずはありません。

たしかに、難解な教科書などを読んでいても、最初は砂を噛むような味気ない感覚かもしれません。それでも、少しずつ理解できてゆくうちに、どんどん楽しくなっていくはずです。これこそが、「知る」ということの本来の意味なのだと思います。

だからこそ、自分が「おもしろいと感じること」「興味のあること」を見つけることに意味があるのです。楽しいと感じられなければ、もっと知りたいと思えるはずなどないからです。

私が教授をしていた京都大学のポリシーは、「**自発、自得**」です。私はこの精神がとても大切だと思っています。「**自発**」**とは自分で問題を発することで、**「**自得**」**とはその問題の答えを自分で考えて、手に入れること**です。

本当の意味で知る楽しさを理解するためには、自分で問題を作り出さなくてはならない。そのためにも、**好奇心を持ってさまざまなことに首を突っ込み、楽しく知ることに取り組む姿勢が大切**です。すなわち、自分力を高める第一歩は、自分と向き合うことから始まるのです。

読書で自分の興味・関心に近づく

かくいう私は、小・中学生の頃はまったく学校の勉強をしていませんでした。宿題も一切やっていかなかった。おもしろくないし、興味もなかったからです。

家でまったく勉強をしない息子のことを不審に感じた母が、先生に「たまには宿題を出して勉強させてほしい」と訴えたことで、私がまったく宿題をやっていなかったことがバレてしまいました。そんな感じですから、当然のことながら学校の成績はよくありませんでした。

そんな私が、小学校の高学年になった頃から夢中になったのが読書でした。クラスを数人のグループに分け、それぞれに出題された課題をするために、初めて地域の図書館へ行ったのです。小学生の課題ですから、そんなものはあっという間に終わってしまいます。そこで、図書館じゅうを探検です。ひととおり探検して飽きると、たくさんの本が並んでいる中から1冊の本を抜き出しました。自分が読みたいと思う本を、自分で選んだわけです。そこに何が書かれているのか、それを読んで知ることに対する喜びで、手が震えたことを今でも覚えています。

これをきっかけに、中学生の頃には進んで図書委員となり、図書館の蔵書を片っ端から読みました。新着の本を真っ先に読めるのは役得でしたからね。片っ端から読んだだけでなく、痛んだ本の修復などもしました。ですから、今でも製本の技術などが身についています。

私たちは普段、言葉を使ってものを考えます。そして、**新たな知識を得たり思考したりするためには、それらが記された本を読むことが最も手っ取り早い方法**なのです。

たとえば、物理学で言えば、他の人が書いた論文を読むことにあたります。論文を読んだところでその内容が理解できなければ、考えることなんてできません。もちろん、専門的な知識も必要でしょう。目の前に書いてあることを正確に読み取り、知識と経験を総動員して理解する必要があるのです。そのためにも、**子どもの頃から本を読むという習慣を身につけておけば、そこから興味や関心も広がってくる**はずです。

私の読書好きは、現在まで続いています。週に一度は、読書小屋にこもって買いためてある本を読みつつ、ベートーベンを聞いて楽しんでいます。それに、東京へ行かなければならなくなると、たとえ午後からの会議などでも、必ず6時33分に京都を出発する新幹線に乗ります。そして、東京に着いたらまずは書店巡り。そこで、もしおもしろそうな本に出会ってしまったら大変です。せっかく早めに着くようにしたのに、喫茶店で本を読んでいて会議に遅刻した、なんてこともしばしば。本というのは、本当に広くて深い世界を見せてくれるものなのです。

「理解する」ための日本語力

私たち日本人は、普段何気なく日本語を使って生活しています。当たり前のことと言えば、当たり前のことです。ただ、同じ日本語を使っていると言っても、正しい日本語を正しく使いこなせているかどうかは、実はとても大きな問題なのです。なぜなら、私たちが普段日本語を使って生活しているということは、私たちは日本語で考えている、ということだからです。

私は数学の本を手にとったことがきっかけで、数学や物理が好きになりました。この出会いは偶然かもしれません。しかし、それらを読んだ時にその内容が理解できたからこそ、私は数学や物理がおもしろい、と感じることができたのです。

もう何が大切なのか、おわかりですね。**自分が見たり聞いたり読んだりしたことを、まずは正しく理解するということが重要**なのです。この**理解するために必要なのが、正しい日本語力、国語力**です。

某大学で教鞭をとっていらっしゃる知り合いの先生から聞いた話ですが、最近の大学生は課題の書籍を読ませても、その内容をきちんと理解できないそうです。当然、内容の要約もできないし、それについて議論することもできません。その先生は、大学生にもなって最初に国語としての正しい日本語を教えなくてはならない、と嘆いていらっしゃいました。

これは、もしかすると日本語の教育にも問題があるのかもしれません。今の若い人はご存知ないかもしれませんが、昔「全国こども電話相談室」の回答者として人気を集めた無着先生という方がいらっしゃいました。この方は、禅宗の僧侶で教育者なんですが、「生活綴り方」という国語教育を推進していました。この「生活綴り方」について、私は今も国語教育として間違った内容だったと感じています。

なぜかと言うと、子どもたちに作文などを書かせると、「生き生きと書けています」という評価をしてしまうのです。それはないだろうと。仮に、芸術としての日本語教育ならそれでもいいかもしれません。けれども、本来の国語の教育はそうではないと思うのです。算数ならまずは九九を覚えて、そこから知識を積み上げていくことによってはじめて、数学の問題が解けるようになります。私は国語も、まったく同じだと思っています。

国語なら、まずは文章を読んで正しく内容を理解する。そして少しずつむずかしい内容の文章を読むことによって、はじめて自分の考えていることを言葉で表現できるようになります。**大切なのは、書いてある内容を正確に読み取ることと、読み取った内容を表現できること。これが、芸術とは一線を画す、正しい日本語**だと思うのです。

それには、普段使っているからとか、喋ることができるから、ということとはまったく別のトレーニングが必要です。特に、私が大切だと感じるのは、言葉の意味を正確に知ること。ですから、あらゆる言葉の正確な意味を、辞書を使って調べてほしいと思います。

普段何気なく使っていた言葉の意味を正確に理解することで、語彙も増えますし、文章が正しく理解できるようになります。たとえ話せても、読めても、その意味を正しく理解することができなければ、決して答えにたどり着くことはできません。答えのヒントになるようなアイデアに出会っていたとしても、それが理解できなくてはどうにもなりません。

私たちは普段の暮らしの中で日本語を使っているわけですから、日本語そのものが理解できないわけではありません。もし文章を理解できないのだとしたら、それは文章に触れる機会が少なかったからでしょう。文章をたくさん読んでいるうちに、日本語の読解力は自然と身についていきます。

知識や経験を一つにまとめる

しばらく前のことになりますが、小学生の女の子からインタビューを受けたことがあります。自分でインタビューをしたい人を決めて話を聞いてくる、という課題が学校で出たそうです。それで、私のところに「訪ねていっていいでしょうか？」という問い合わせがあったわけです。

話を聞いてみると、最初に「お母さんと一緒でもいいですか？」と聞かれたので、「ダメだ。ひとりで来なさい」と答えました。そうすると、きちんとひとりで来て、しっかりと考えてきた質問を投げかけて帰っていきました。理解力も高かったし、すごいなと感心したことが記憶に残っています。

その子どものインタビューを受けて感じたのは、家庭や学校などでの経験がきちんと体系的に積み重なっていけば、それはそのまま素直に上へと伸びていくものなのだということです。

子どもだからと言って、知識や経験を体系的に積み上げることができないわけではありません、逆に、大人だからと言ってそれが容易にできるわけではありません。自分が何に興味を持ち、何を知りたいのかを明確にすることによって、初めてこれまでの知識や経験が層となって、自分のものとなるのだと思います。

そういう意味では、**ある程度自分の興味や関心のある分野を絞り込むことができたら、今度はそれをコヒーレント（整合的・一貫性）に学び、積み重ねていくことが必要**です。力とはなんでもそうですが、反対の力を加えたら打ち消しあってしまいます。ですから、**力をまとめて一つの方向へと導くことが必要になる**のです。

ヘーゲルは「ただあるというのは、最終的にはないと同じだ」と言っているのですが、これはなにも規定していない「有」はただの「有」であって、「無」と同じだということなんですね。

自分の興味・関心がどこにあるかわからないときには、あらゆることに首を突っ込んで、あれこれ気ままにかじってみることが第一段階。ある程度、自分の興味や関心、得意・不得意、才能の片鱗のようなものが感じられたら、そこからは範囲を絞って、より深く追求し、知識や経験を自分の中で層のように積み重ねていくのが次のステップです。この過程を経ることで、自らの興味や関心が才能へと転化し、自分力が養われていくのです。

制約の中で思考する

私たちが生きている世界は、あらゆる制約によって縛られています。なんでもそうですが、たとえば、時間やお金、空間など、限られた条件の中で何ができるか、という創造性が問われています。もちろん、それは物理学の研究分野においても同じことです。

ですから、知識や経験を一つの方向へとまとめると同時に、「**限られた条件の中で知恵を絞る**」**という訓練も、自分力を高めるためにはとても大切**なことだと感じています。

そんな**限定された条件のもとで力を発揮するためには、ある程度の枠にはめる、という手法が役に立つ**ことがあります。その最たるものが俳句でしょう。

わずか17文字の中に季語を入れ、物語を作り、情景を詠む。当然のことながら、なんでもかんでも自由にすればいい、というわけにはいきません。この制約の中で創作しなければならないからこそ、工夫が生まれるわけです。さらに、共通認識としての季語を覚えるとか、そういう基礎知識が必要なところもいいですね。

私は特に俳句を詠むわけではありません。ただ、山小屋のような読書部屋を一つ持っていて、そこはかなり雪深い場所にあるので、冬になるとたくさんの雪が積もります。あるとき、読書の合間に雪に埋もれた周辺の森を散歩していると、木々のまわりだけ雪が溶けて隙間ができていることを発見したのです。

ふと、不思議な現象だなぁと思い、もし降り積もった雪が木の体温で溶けたのだとしたらとても素敵だなと思った瞬間に、「木の根明く」という言葉が浮かびました。ところが、よくよく見てみると、電柱にも隙間があいている。なんてことはない、ただ溶けた雪などが木や電柱を伝って流れ落ちたから、隙間ができたということなんですね。

それからしばらくして、「木の根明く」という言葉は、すでに俳句の季語にあるということを知りました。やはり俳句を詠まれる方々というのは、よく自然を観察しているのだな、正しい日本語、豊かな日本語を知ることはとても大切なのだな、と思ったものでした。

話はそれましたが、俳句のように、ルールがある中で何をどのように表現するかといった訓練は、創造力を養ううえでとても役に立ちます。もしそれが俳句なら、日本語のトレーニングにもなります。そのような制約のある中で創造するトレーニングを経て、はじめて力を一つの方向へと導き、伸ばすことができるのです。

これは言葉を使った表現だけに限らず、数学や物理などでも同じことで、知識というものはすべてそういう構造になっているはずです。ですから、**少しでも興味のあることは深く学び、知識や経験を積み重ねていくことが大切**です。

常に目標を意識して行動する

何かに憧れて、それに近づくための具体的な目標を設定したとしても、日々の暮らしの中で新たな刺激に触れることで、その憧れや目標が変化していくのは当然のことでしょう。意識して変えるぶんには、なんの問題もありません。

問題は、意識しないで慌しさに紛れて忘れてしまったりすること。それでは、決して「目標に近づく」ことはできません。「自分の憧れはこれだ。だから目標はこれだ」と設定したら、それを常に意識し、**自分がその目標に少しでも近づいているのかを振り返り、**

チェックしなくてはいけません。

私はよく、指導している学生に「**眼高手低**」という言葉を伝えます。これは私が学生時代にある先生から教えられた言葉で、いわゆる座右の銘として心に刻むと同時に、自宅にもこの言葉を額にして飾っています。

実は本当の意味は、「目は肥えているが、実際の技能や能力は低い」ということ。あるいは、「知識はあり、あれこれ批評するが、実際にはそれをこなす能力がない」「理想は高いものの、実力が伴わないこと」という意味で使われる、ちょっと否定的な意味の言葉なんですね。

ところが、その先生はこの言葉を、「**目標や志は高く、身近なところから始める**」という研究に対する心構えとして教えてくれました。この言葉を聞いたときに、「目標や志は高く」ということは、すなわち「自分が楽しいこと」に対しては、それがたとえハードルが高くても真正面からぶつかっていくことだと、背中を押してもらったように感じたのです。まぁ、本来の意味とは違う意味で使っているという点では、やはり天邪鬼なのかもしれませんが……。

私が研究している物理学、それも素粒子の分野では、新しい理論や発見は100年単位の時間をかけて実証されることも少なくありません。私が発表した「6元クォークモデル」についての論文がまとまったのは1972年で、正式に「小林・益川理論」として発表したのは翌年でしたが、その存在が実証されたのは2002年のこと。つまり、私が発表した理論が実験で証明されるまでに、なんと30年もの時間がかかっているということなのです。

幸いなことに、私の論文はノーベル賞受賞という高い評価を得ることができましたが、決してそれを狙って研究していたわけではありません。あくまでも自分が「おもしろいと感じること」「興味があること」について研究してきただけのこと。その根底にあるのは、世界の成り立ちの真実を知りたいという思いです。

そういう意味では、「その研究が何の役に立つのか」と問われると答えようがない、というのが正直なところです。論文を発表したとしても、それがすぐに実証されるものではないのですから、自分が「おもしろいと感じること」「興味があること」でなくては続けることができなかったことでしょう。

一方で、「**そもそも、その目標は正しいのか**」**についての検証を重ねる**ことも大切です。目標を変更するのは、決して悪いことではありません。さまざまな経験や知識を得ることで、「自分が楽しいと感じること」「興味のあること」が変化したら、目標だってそれに応じて変えていくべきです。ただ、その時に忘れてはいけないのは、**あくまでも「目標は高く設定する」**ということです。

最近は、研究分野でも、すぐに成果や結果が求められる傾向にあるように感じています。ビジネスの世界であれば、なおさらでしょう。それでもなお、目先のことだけにとらわれすぎることなく、ぜひ「眼高手低」の精神で、常に高い目標を持ち続けてほしいのです。

理解や記憶よりも挑戦を

最近、大学などで若い人たちと接していて特に感じるのは、アグレッシブではないということです。攻めるのではなく、守りに入っていて、安定を求めているように感じます。若い頃はとくに、もっと自分を成長させるようなフィールドへと飛び出して、何にでも挑戦してみるという姿勢が大切なのではないかと思っています。なぜなら、何度でも引き返せるだけのエネルギーと可能性を秘めているからです。

物理学研究の分野では、圧倒的なアイデアマンで、私が大先輩と考えている南部陽一郎先生は、35歳という若さで大阪市立大の教授になるというチャンスを蹴ってアメリカへ渡りました。きっと、日本にいて安定した職に就くのではなく、もっと広い世界でいろんな人と競い合いたかったからでしょうね。

向こうへ行かれてから、しばらくは不遇の時代もあったようですが、今やアメリカでも日本でも確固たる地位を築かれています。そのくらいのチャレンジ精神というか、大志があったからこそ、「自発的対称性の破れの発見」によってノーベル物理学賞を受賞した以外にも、次々にノーベル賞クラスの研究を生み出していったに違いありません。

研究の世界でもビジネスの世界でも、理解力や記憶力は優れているけれど、冒険することなく無難な道を行く、という人がいます。こういう秀才タイプは一見すると、「頭がいい」と感じられるかもしれません。しかし、私はそういう秀才タイプには一流の仕事はできないと思っています。

一流の仕事を成し遂げるうえで大切なのは、南部先生のような、独自の視点、アイデア、独創性です。こうした独創性を生み出すためには、自分の興味や関心を突きつめて、目標を決め、挑戦すること。それは、自分の限界への挑戦や冒険なくしては実現できません。まさに、「自分力」をいかに発揮させることができるかがポイントです。

前述のとおり、現在の日本において強く求められているのは、なんでも器用にこなせる人ではありません。強い信念を持ち、自分が信じる方向へ向かって自ら突き進む、あるいは人を巻き込んで進むことができる人。そういう人こそが、今までにないイノベーションを実現するのです。

そこで大切なのは、今まで誰も持っていなかった革新的な視点で取り組むことができるか、ということ。それは、理解力や記憶力だけでなんとかなるものではありません。

逆に言えば、どこにでも転がっている「適度な」結果で満足してほしくない。日々を生きていくなかでは、全力で立ち向かわなくてもこなせる仕事もあるでしょう。そういう仕事でも、積み重ねていくと、それなりの満足感や疲労感を感じるものです。だからこそ、そういう状態に慣れてしまうことが危険なのです。

ですから、**あらゆる方向にアンテナを張り巡らし、独自の嗅覚を磨いて、本当に重要な問題が何であるかを見極める力を養ってほしい**と思います。その原動力となるのが、本当に自分がおもしろいと思えること、重要だと感じることに他なりません。その問題に正面から全力で立ち向かう「自分力」を鍛えることで、人は成長していくのです。

ただし、誰もやったことのないことに挑戦するとなると、頼れるのは自分だけ、ということになります。自分ひとりで世界と対峙するしかありません。知識や経験ももちろん大切ではありますが、そのための武器となるのが「考えること」なのです。

自分で考えるクセをつける

今の世の中は、知識を詰め込んで、その詰め込んだ知識の中から最短で答えを見つけ出すことができる人が「頭がいい」とされる傾向があります。

私は研究者であると同時に、大学で指導も行っていますから、大学の入試問題などに触れる機会も少なくありません。そこで感じるのが、日本の教育は大学の入試対策に偏っていて、本当の意味で「考える」ということをとても軽視しているということです。必要なことをインプットして、効率よくアウトプットすることだけを重視しているように感じるのです。

前章で、小学生から高校生まで同じ算数の問題を出題したところ、小学生が最も得点が高かったという話をしました。これはまさに、日本の教育の課題を浮き彫りにしています。受験対策の一環として、勉強に効率を求めるようになってきているんですね。塾や予備校などで教えられるわけです。「ひと目見て、やったことのない問題はスキップしなさい」と。

そんなテクニックには、まったく意味がありません。**あくまでも自分の頭で考えて、わからないことや知らないことに対する好奇心を忘れないこと**。それが自らの成長の糧となり、「自分力」を高めることにつながっていくのです。

とは言うものの、私もそういう「効率のいいインプット・アウトプット」を一切していないか、と言うとそういうわけではありません。前述のように、私は研究者に憧れ、その道に進むために、まず大学の入学試験にパスする必要がありました。

数学と物理は理解できているから、試験のために特に勉強する必要はありません。英語は捨てました。となると、もう少し点数を稼がなければいけないので、入学試験前の1カ月くらいの短期間で、日本史と世界史を丸暗記したのです。

おおまかな歴史の流れはすでに頭に入っているから、あとは細かい年号とかを一日16時間くらい集中して暗記しました。食事などもすべて机の上でとり、起きている時間はすべて暗記に費やすくらいの勢いで集中しました。

でも、これはもう試験のためだけの勉強でしたから、試験が終わったらすべて忘れてしまいましたね。大学に入学してから歴史の知識は特に必要ではなかったので、入学試験のためだけにこんな勉強をして、いったい何の役に立つんだろうって思いながら勉強していたことは忘れられません。

それはやはり、本当の意味での「考える」ことではありません。理解力や知識はないよりはあったほうがいいのですが、ないからといって考えることができないわけではありません。**知らないことがあれば、調べればいいだけのことです。むしろ、何が問われているのか、何がわからないのか、何が問題なのかということに気づく嗅覚のようなもののほうが重要**です。

時には単なる暗記のようなことも必要になることがありますが、そこで気をつけてほしいのは、「テクニックを磨く」という方向には走らないことです。あくまでも自分の頭を使って「考える」こと。そして、**考えるために必要なことは、自分で自分自身に問いかけて、自分で答えを出すこと**なのです。

第3章

ムダなことをして「自分力」を磨く

なるべくムダなことを心がける

現代はなにかと忙しくて、なるべくムダをなくして効率的であることを求める傾向が強くなっているように感じます。そして、それは学問についても同じです。

たとえば、大学入試一つを取り上げてみても、効率よく答えを出すことを重視して、学問の本来の目的である自分の頭で考える、ということを軽視しているように思えるからです。

私は教育に関するそのような傾向を「教育汚染」と呼んでいるのですが、親や教師は「教育熱心」なのではなく、どの大学に合格したかだけを気にする「教育結果熱心」なのだと感じます。より偏差値の高い大学へ入学するために、なるべく効率的に知識を身につけ、それを効果的に表現するテクニックを覚える。そんなことで、本当の意味で優秀な人間が育つわけがありません。

学問の本来の目的は、自分の頭で考えること。自分の頭を使って自分で問いを探し、自ら答えを探し出す。そうやって、自分の頭で考えることができなければ、創造性など身につくはずがありません。**自分の頭を使うことで発揮される創造性こそが、イノベーションへとつながる「自分力」**なのです。

本当のことを言えば、大学までに学んだことなんて、実はほとんど社会では役に立たないかもしれません。しかし、いろいろな学問に触れたり、価値観の異なる人と友達になったり、そんな、一見ムダと思える時間こそが、きっと社会に出たときに役立つと思うのです。

自分の中に異質なものを取り込むことは、ある種の「雑音」です。自分の中にそういう「雑音」がいくつかあれば、幅広いことに対処したり対応したりできるようになります。だいたい、人生なんて、ほとんどはムダなことでできているわけです。それらをすべてそぎ落としていったとしたら、人生はなんとも味気ないものになってしまうと思いませんか。

ですから、私は「自分力」を磨くために、もっとムダなことをしろと言いたいですね。何かのためにとか、何かに役立つからとか、そんなさもしい考えではなく、純粋に楽しいことを追求すればいいじゃないか、と。そこから、自分で考えるクセがつき、創造性や自分力へとつながっていくはずなのです。

「はやぶさ」が帰還できた理由

これは「ムダ」というのとはちょっと違うかもしれませんが、必要最低限のことだけではダメだということの一つの例です。先日、惑星探査機「はやぶさ」のプロジェクトを指揮されていた川口淳一郎さんとお話をさせていただく機会があり、興味深い話をうかがったのでご紹介します。

「はやぶさ」と言えば、さまざまな苦難を乗り越えて、小惑星イトカワから帰還した無人の惑星探査機です。帰還当時はとても大きな話題になりましたし、映画にもなったのでご存知の方も多いでしょう。

「はやぶさ」は、2003年に日本を出発して、小惑星のイトカワへ向かいました。2年かけてイトカワまで飛び、カメラやレーダーなどによるデータを地球へ送るほか、着陸して惑星の成分を採取し、再び2年かけて帰還するのがミッションです。当初の到着予定が2005年で、2007年には地球に帰還するはずでした。

ところが、途中でエンジンに重大なトラブルが発生して、通信も途絶えてしまいます。

「はやぶさ」には4つのエンジンが搭載されていたそうですが、その4つとも不具合が生じてしまうのです。それでも、川口さんをはじめとする宇宙科学研究所のメンバーは諦めることなく、あらゆる可能性を探り、なんとか地球に帰還する方法を模索し続けました。そこで役に立ったのが、技術者たちが内緒で搭載していたバックアップの配線だったそうです。

無人の惑星探査機ということで、はやぶさにはさまざまなものが搭載されています。当然、それらは必要最小限のものであり、ムダなものは一切ありません。ところが、技術者たちがちょっとしたいたずら心で、バックアップの配線を搭載していたのだそうです。それは本当に、ほんの小さなものだったそうです。

さまざまな手法を試みて、通信がなんとか回復したところで、エンジンのトラブルは解消していない。さて、どうやって地球に帰還させようかとなった時に、技術者たちが怒られるのを覚悟で、「実は……」と申し出たのだそうです。

この技術者たちの遊び心が、結果的には「はやぶさ」のエンジンの再起動を実現しました。もちろん、この遊び心だけが「はやぶさ」のミッション成功の理由ではありません。エンジンが動いただけで「はやぶさ」が無事に地球へ向かうわけではありませんから、他にもさまざまな苦難がありました。それでも、２０１０年、当初の予定から3年遅れで小惑星イトカワの成分を持ち帰るというミッションを成功させることができたのです。まさに、多くの人たちの努力のたまものでしょう。

こうした多くの人が関わっているプロジェクトで、こんな遊び心を持つ技術者たちがいたことが、なんだか嬉しかったですね。ムダを排除して、効率的にとばかりやっていたのでは、成功するものも成功しないかもしれません。

人間だって同じです。たしかに時間は限られていますから、ムダなく、効率的にというのが必要な面も否めません。でも、効率ばかりを重視したところで、結果につながらなければ意味がありません。ムダなことを楽しんだり、遊び心を持って目標に取り組むことも大切であると再確認したエピソードでした。

知識の幅が結果につながる

いろいろなことに首を突っ込んで、幅広く興味や関心を持っていると、それらが思いもよらないところで結びついて、結果を出すことがあります。これはよく講演などでも話をしていることですが、ファーブルの『昆虫記』に記されているあるエピソードです。ファーブルと言えば、生物学者で昆虫の行動研究の先駆者ですが、みなさんもよくご存知ですよね。

ファーブルが住んでいたフランスのアヴィニョン地方は、絹糸の生産が盛んでした。当時のフランスにとって絹織物は重要な輸出品だったので、養蚕業は人々にとってとても重要な産業だったのです。

ところがある時、そんな大切な蚕がどんどん死んでいく伝染病が流行ります。蚕が死んでしまっては生糸の生産ができなくなってしまうので、ファーブルもなんとかこの原因を探ろうとしましたが、食い止めるまでには至りません。

フランス政府は一大事ということで、この伝染病を抑える対策チームをアヴィニョン地方へと送り込みます。その委員長が、細菌学を確立したパスツールでした。つまり、病気がどのように広がっていくか、のプロだったというわけです。

パスツールは着任すると、すぐに蚕を見に行きます。実は、パスツールはそれまで蚕を見たことがなかったんですね。それを知って、ファーブルは驚きます。昆虫のことをよく知っている自分でも治せない蚕の伝染病を、昆虫のことをまったく知らない人に治すことができるのか、と。

結果としては、パスツールはたった三カ月でこの伝染病を抑えることができました。パスツールは、昆虫のことは何も知らなかったけれど、伝染病については熟知していたのです。だからこそ、どうすれば病気を広めないようにするかという対策が打てたわけです。もし、ファーブルにも伝染病の知識があれば、もっと早く蚕の伝染病を食い止めることができたでしょう。しかし、それがなかったから、誰かに頼るしか方法がなかったのです。

学問や知識というのは、えてしてそういうものです。**一つのことだけに集中して知識や経験を積み重ねたとしても、応用がきかないことも少なくありません。**

私は大学入学後も、物理だけでなく数学にも興味を持ち、ギリギリまで専攻を決めかねていました。当時は、いろんな研究室に顔を出してはフラフラとしていたのです。数学や物理だけではなく、一時的に脳に興味を持ち、パーセプトロンの勉強をしていた時期もあります。

いろんなことに興味を持って首を突っ込むことは、一見するとムダなことのように見えるかもしれません。ファーブルにとって、細菌について学ぶことは時間のムダだった

■ アヴィニョンの危機はどう克服されたか

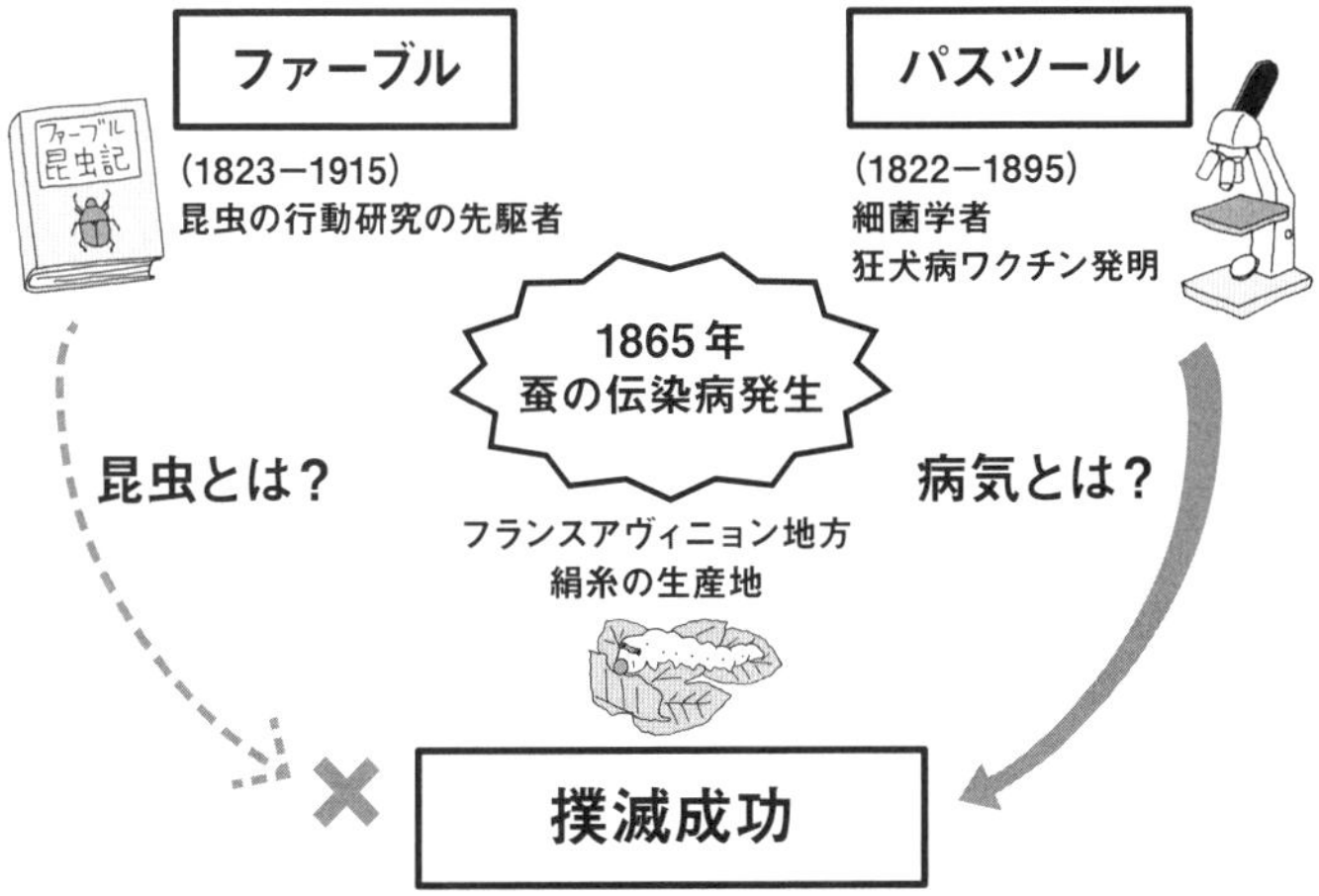

のでしょう。

ところが、昆虫については熟知していたはずのファーブルに治せない疫病を、パスツールが治してしまう。もしファーブルに細菌についての知識があったとしたら……。**一見するとつながりのなさそうなことにも首を突っ込んでみることが、思いもよらない結果を生むこともある**ということです。

実はそんな時間こそが、他の人にはない、自分だけの独自の視点を養うことにつながります。**自分だけの独自の視点とは、一つの才能**です。才能に磨きをかければ、目標へとたどり着くアプローチの方法も増え、目標達成の可能性も高まることでしょう。

一つのことに集中しすぎない

私が大学生の頃のことですが、工学部の電気工学科では、真空管の原理について教えていたそうです。真空管と言ってもピンと来ない人がいるかもしれませんが、電極のついたガラス管の中を減圧して、電気を整流したり増幅したりするもので、当時はテレビなどの家電製品に使われていました。

ところが、それからたった5年で、真空管はトランジスタに置き換えられてしまいます。大学の電気工学科で教わった、当時としては最新、最重要の知識が、あっという間に役に立たないものになってしまったのです。役に立たないというと言いすぎかもしれませんが、最新、最重要ではない、古いものになってしまったことは間違いありません。

この真空管だけに限らず、世の中のあらゆる技術は日々進化し続けています。たとえば、真空管が使われていたテレビなら、分解して修理することができなかったわけではありません。映りが悪くなった時など、少し電気工学の知識や経験があれば、調整したり修理することができたのです。

■ テレビの変遷

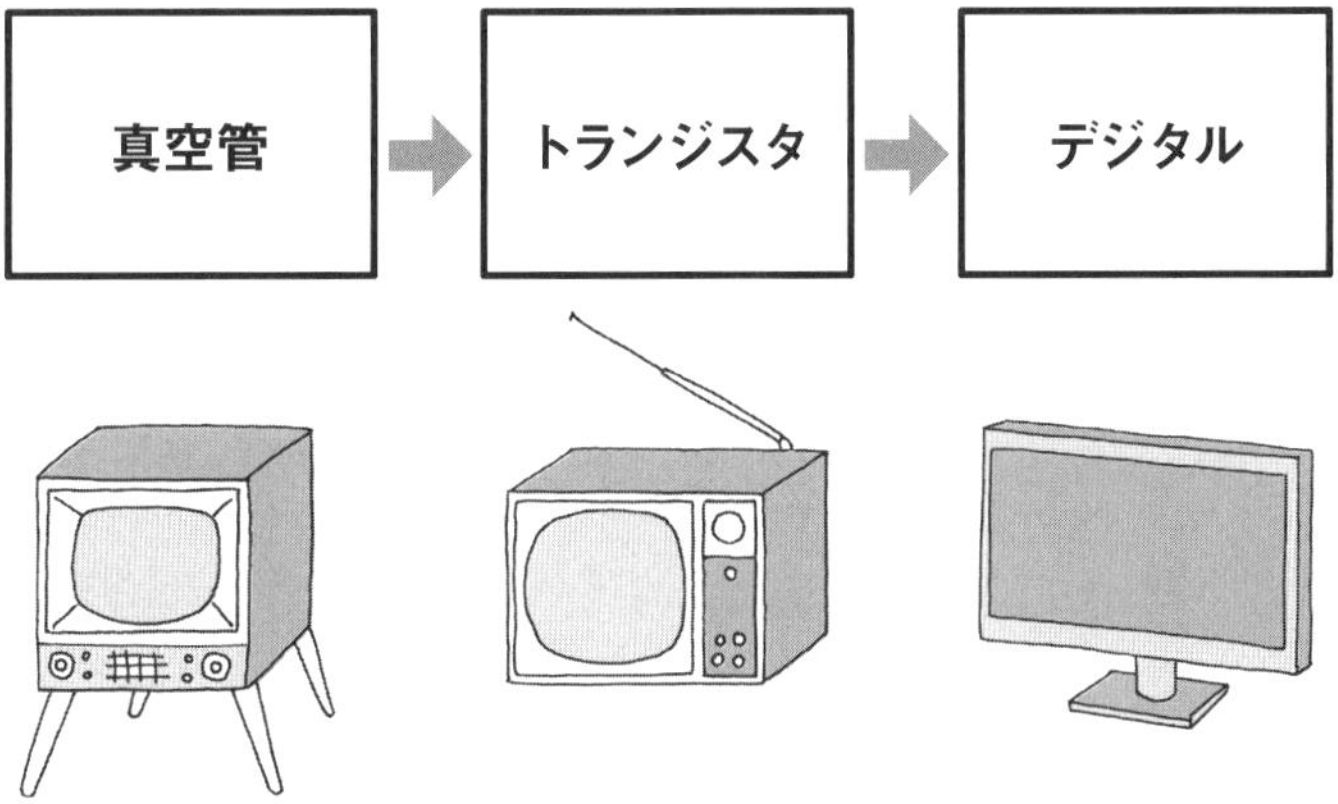

それが真空管からトランジスタになり、さらに現在は薄型のデジタルテレビへと進化しました。こうなると、もう素人にはお手上げです。もし映りが悪くなって修理するにしても、街の電気屋さんでは不可能ですから、メーカーに修理を依頼しなければなりません。

そうやって、科学というものは進化にともなってどんどん複雑化し、素人には手の届かないものになっているような気がします。そしてそれは、科学分野だけに限らず、進化にともなってあらゆる分野において起こっていることなのかもしれません。

話が少しそれてしまいましたが、真空管のように最初は「おもしろそうだ」、あるいは「重要だ」と感じられていたことが、やっていくうちに古くなってしまったり、魅力が感じられなくなることはあるでしょう。科学技術は進化を続けていますから、それも当然のことです。

だからこそ、**一つの分野で真剣に学ぶと同時に、性質の違う分野にも半分くらいの真剣さで取り組んでみる**、ということをオススメします。結果的に、半分くらいの真剣さで学んだ分野と直接関係のないことをやることになったとしても、そこで学んだ知識や経験はきっとなんらかの形で役に立つはずです。

ムダな時間が大好きな私も、かつて一つのことにハマってしまい、10年ほどの時間を棒に振ってしまったことがあります。それは「6元クォークモデル」を発表し、1979年に仁科賞を受賞した後のことです。その時にいただいた賞金で、ついオーディオセットを一新してしまいました。それからというもの、音楽を楽しんでばかりでさしたる研究成果をあげることができなかったのです。私にとっての80年代は、まさに暗黒の時代なのです。

興味のあること、楽しいことを見つけることも大切ですが、一つのことに集中しすぎるとダメなこともある、という例です。**適度にフラフラとしながら嗅覚を研ぎ澄まし、「こ**

れだ！」という重要なところは深く知識を積み上げてゆく。趣味を持つことも大切ですが、ほどほどにしておいたほうがいいかもしれません。

未知の出会いをおもしろがる

ある程度、興味・関心の対象を絞り、目標を設定して一歩一歩進んでいくことが大切だと言いました。ただ、ムダな時間を楽しむという観点からは、未知との出会いを積極的に楽しむという視点も欠かせません。

たとえば、私は素粒子の研究をしていましたが、専門性が異なる人との出会いは刺激になりましたし、そこから思わぬ副産物が生まれたこともあります。それが実は、湯川先生のお葬式の時だったのです。

湯川先生がお亡くなりになった時、私は京大の基礎物理研究所にいました。ですから当然、お手伝いに行きます。ご存知の方も多いと思いますが、お葬式というのはずっと忙しいわけではなく、手があく時間がありますね。そうすると、まわりはみな物理学の研究者ばかりですから、いつのまにか議論が始まるのです。

今でも覚えているのは、そんなちょっと手があいた時に雑談をしていて、統計物理学をやっている人から、「益川さん、ここで使っている数式はどうやって証明するの？」と聞かれたのです。そうなるとこっちも真剣になりますから、先人の証明から自分なりの拡張に至るまで、議論が白熱しました。結果的に、それが一つの論文になってしまった、ということがありました。

今から考えると、やっぱりお葬式の場ですから、私もおかしいけれど、その人も相当おかしい。でも、時間や場所に関係なく、おもしろい話、アイデアがあれば、「それ、いいね！」っておもしろがることは大切だと思います。どこかで、私たちがそんな議論をしているのを湯川先生も楽しんでくれていたんじゃないか、とも思いましたしね。

自分が属しているのと同じ場所にいる人との出会いはもちろん楽しいけれど、自分とはまったく異なる世界に生きている人との出会いも興味深いものがあります。それまで自分が常識だと信じて疑わなかったことが、決して常識などではなかった、ということに気づかされることもありました。

70年代の学生運動華やかなりし頃のことですが、研究室とか学部によっては建物が封鎖されて中に入れなくなることがよくありました。いわゆるバリケードってやつです。

その点、私がいた理学部というのはけっこう強かったものだから、ロックアウトは起こらなかったんですね。そうすると、封鎖されてしまった学部の先生たちが理学部にやってきて、雑談したりすることがあるわけです。ちょうどそんな時に、工学部の先生と話をしたことで印象に残っていることがあります。

粉体の研究をされている先生だったのですが、粉体や流体に関する議論がどうも噛み合わない。なぜだろうと聞いてみると、それは理学部と工学部の視点の違いにあったのです。

私は理学部ですから、粉体にしても流体にしても、原理的なところから始めて、一般的な法則を導きたいと考えます。それが常識なのです。

ところが、工学部では原理を発見したり、確立することよりも、どちらかというと実験的に調べて、実態に即した法則を確立することのほうが重要なのだそうです。理論よりも現実の現象の中に法則性を見出して、それを実際に世の中で使えるようにすることが大切な役割だとおっしゃるわけです。同じ現象について研究していても、視点が違うというだけで、それだけ違うわけです。

他にも、私は労働組合の活動を積極的にやっていましたが、その中で出会った人との会話も刺激になりました。それと、東大の原子核研究所にいた頃は楽しかったですね。それまで素粒子の理論を研究している人しか知り合いがいなかったけれど、そこには高エネルギー実験をやっている人や原子核実験をやっている人などがいて、私の人脈が一気に広がった気がします。

研究生活と言うと、ひとりで黙々と実験を続けているというイメージがあるかもしれませんが、私は研究をしながら、さまざまな「雑音」を積極的に取り入れるように意識していました。きっとビジネスの世界なら、もっと幅広い出会いがあることでしょう。**未知なるものや人との出会いは積極的に楽しんでいくべき**だと思います。

先人の力を借りて思考を明確にする

前章でも読書の大切さについて触れましたが、私はこれまでに読書を通じて実に多くの大切なことを得てきました。なかでも、自分の中にはないさまざまな考え方、思考方法を手に入れることができたことが、一番の大きな財産です。

自分の興味や関心のない分野に首を突っ込むことは、一見時間のムダのように思えますが、すでに世の中で評価されている本に書かれている論理や考え方については少なくとも知っておいたほうが得策でしょう。

私は物理学の研究者ですが、数学の本をよく読んでいました。他にも、マルクスやエンゲルス、ヘーゲルなども読みました。昔は学生運動というものがありましたから、そういう哲学みたいなものも一応読んでおかないと、ナメられてしまうんですね。だから、読んでみたわけです。なかでも、ヘーゲルの法の哲学なんかは特に印象に残っています。とにかく文章がわかりにくい！

ヘーゲルは自由について、「必然性の洞察である」と述べています。いきなりそんなことを言われても、まったく意味がわかりません。ところが、よく読んでみると、「自由とは偶然に身を任せることではなく、いろんな方法や選択があるなかで、それぞれの必然性を見極めたうえでどれを選ぶか、ということである」ということを言っていることがわかります。

たとえば、目の前にボタンが二つあって、一つは毒ガスが出て、もう一つは100万円がもらえる、とします。どちらのボタンがどちらの結果になるかわからないまま、偶然性に任せてボタンを押すことは自由ではない、ということなのです。それぞれのボタ

■ ヘーゲルの「法の哲学」から学ぶこと

「自由とは必然性の洞察である」

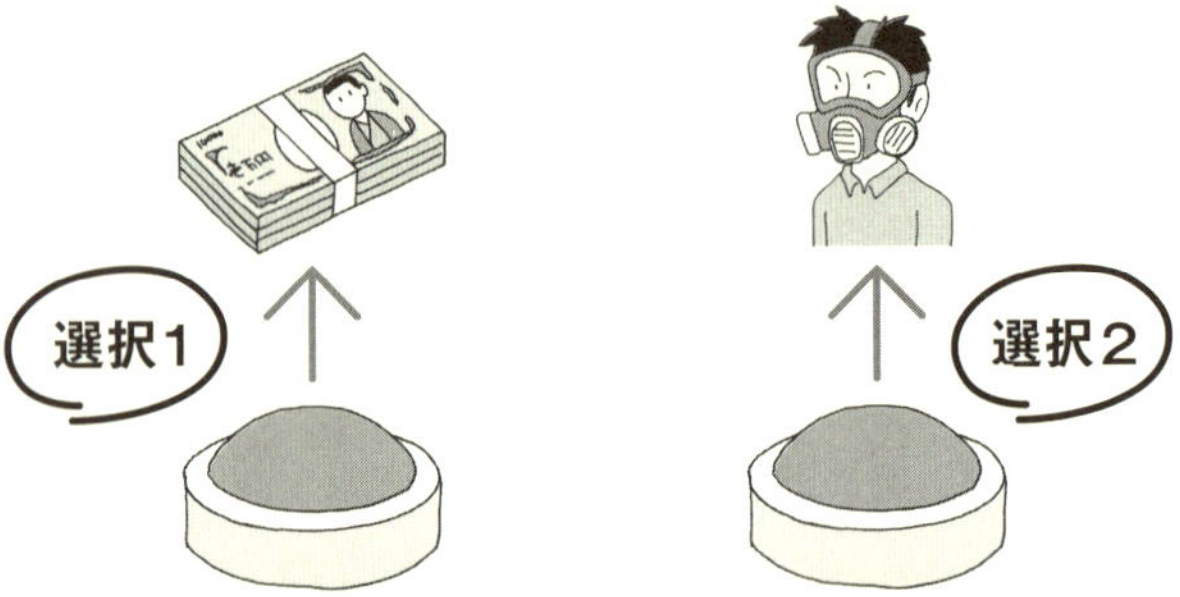

**何をしたら何が起こるということがわかって、
初めて自由が与えられる**

ンを押したうえでの結果を確認して、どちらのボタンを押すかを判断することが自由なのだ、というわけです。

これが理解できたときに、私は「なるほど！」と思いました。つまり、科学というのは自由を手に入れるためのものなのだ、と感じたのです。

どういうことかと言うと、科学とは真理を追究するものです。今まで理由がわからなかった現象を解き明かし、一定の法則のもとに誰もが理解できるものにすることなのです。ということは、科学が進歩すれば、世の中から理由のわからない現象が一つずつ減っていくということになります。

つまり、ヘーゲルの言う「偶然に身を任

せる」という要素を減らす、ということにつながるわけです。

だから、物理学の研究を含めた科学を進歩させるということは、人類が自由を手に入れるためのものなのだ、ということになるわけです。

これはあくまでも一つの例ですが、このような先人の思考は、自分自身が何かについて深く考えるうえで必ず役に立ちます。たとえば、頭の中で漠然と考えていたことを、誰かが明確な言葉にして定義してくれているということも少なくないのです。そうやって、**先人の思考を知ることは、自分の思考を言葉にして、形のないものに形を与えることにつながります。**

頭に浮かぶことの多くは、すでに誰かが考えて、言葉にしていると言っても過言ではないかもしれません。それらをきちんと自分のものとして、そこからさらに思考を深めることによって、はじめて「自分力」を高めることにつながるのです。

雑音の中で集中する

私はよく、インタビューなどで「どうやって考えているのですか?」とたずねられることがあります。その時の答えはとてもシンプルです。「歩くんです」と。

私は物理学者と言っても理論物理学ですから、自分の頭の中のアイデアと格闘するのが仕事です。では、格闘するためにはどうするか。私の場合、とにかく街を歩き回ります。何かを考えるために机の前に座っていても、まったくと言っていいほど集中できないし、思考も進みません。歩き回れば身体も疲れるわけですし、一見ムダなことをしているように思えますが、実はそのほうがはかどるのです。

たとえば、指導していた院生のドクター論文のことで、期日が迫っていてとにかく答えを出さなければならない時、自宅から大学まで二時間くらいかけて歩きながら考え続けていたこともあります。家で考えごとをしなければならない時には、メモ帳を持って散歩に出ます。散歩しながら考えて、夕方になるとまた家に帰る。

とにかく歩いて、歩きながら考えて、疲れたら喫茶店に入ってまた考える。行きつけの喫茶店だと、何も言わなくても、いつも注文しているモカが出てくる。けれども、マスターは決して話しかけてこないのです。阿吽《あうん》の呼吸みたいなもんですかね。

歩くことには身体を動かすという意味もありますが、歩いている時も喫茶店という場所も無音ではなく、人の気配や音楽、話し声などがありますよね。聞こえるというほどでもなく、そこにあるという感じです。雑音はあるんだけど、ひとりになれる。そういう**少し雑音のある感じが、実は集中して考えるのには最適**なのです。

話しかけられたりすると思考が中断してしまうのでダメですが、周囲に少し雑音がないと集中できない。ですから、机に座ってしまうとダメなのです。ルーティンワークならできるけど、考えるということができなくなってしまう。思考が停止するんですね。

だから、京大にいた頃はとにかくよく歩き、そしてよく車に轢かれそうになったものです。歩きながら考えているから、まわりの風景なんてまったく目に入っていないんですね。トラックの運転手さんに「バカヤロー!」なんて怒鳴られたものです。ですから女房には、もし私が交通事故に遭ったとしたら私が悪い、と言ってありました。幸い、そんな事故には今のところ遭っていませんが……。

受験の時はもちろん、定期試験の時などでも、ラジオを聴きながら勉強をした人は少なくないでしょう。テレビを見ながら勉強することはできないけれど、音楽や人の話し声といった音だけなら、頭や手は動きます。むしろ、はかどると言ってもいいかもしれません。

電子回路でもそうなのですが、**あまりにも静かすぎると、その状態で安定してしまっ**

て発信が起こらないことがあります。そういう時にはあえて雑音を出してみる。そうすると、うまくいくことも少なくありません。

同じようなことは、ビジネスの世界などでも少なくないでしょう。同じメンバー、同じ場所で顔を突き合わせて、時間をかけてもアイデアが浮かばないということもあると思います。それならいっそのこと、誰かまったく別の分野の人に参加してもらう、というのはどうでしょう。あるいは、考える場所を変えてみるというのもいいかもしれません。

ひとりの思考にしても、何人かでの会議にしても、よりよく考えるために、あえて雑音を入れてみるというのが、新たな展開を生み出すきっかけになるかもしれません。

生活のリズムの中でアイデアが閃く瞬間

研究者と言うと、毎日ずっと考え続けている、という印象があるかもしれません。ところが、私の場合は決してそんなことはありません。だいたい毎日規則正しい生活を送り、リズムを作ることで考えを前に進めるようにしていました。

私がノーベル賞を受賞した「CP対称性の破れ」について「6元クォークモデル」のアイデアを思いついた当時も、決して研究漬けの毎日というわけではありませんでした。当時の私は京都大学の助手でしたが、京大教職員組合の仕事もやっていました。朝起きると歩いて学校まで行き、午前中に研究をして、午後は主に組合の仕事をこなして自宅に戻り、夕食後に再び論文を読んだりしてから眠る、といった感じです。

忙しいと言えば忙しい時期でしたが、比較的規則正しい生活を送っていたことによって、研究も進みました。同じことだけを考え続けていれば、ブレイクスルーが訪れるというわけではないのです。

たしかに、私も昔はまる3日間眠らずに論文について考え続けたこともありますが、眠らずに考え続けることがいいわけではありません。この時は時間的にもギリギリだったので眠らずに考えましたが、基本的にはある程度リズムのある暮らしをしていたほうが、脳も正常に働いてくれるような気がします。

これは何度も話をしていることですが、私が「6元クォークモデル」について閃いたのはお風呂に入っていた時のことです。お風呂でアイデアを思いついたと言うと、古代ギリシアの科学者として知られるアルキメデスのようですが、決してマネをしたわけではありません。

私はずっと「4元クォークモデル」が成立すると考えていました。それまで3つ発見されていたクォークがもう1つ、4つあるという前提で理論を組み立てていたのです。ところが、それではどうも辻褄が合わない。さて、困ったぞ、困ったけれど、説明できないのであれば仕方がありません。自宅のお風呂に浸かりながら、「考えたけれどムリでした」という論文にしようといったん諦めたわけです。するとその瞬間に、「4元がダメなら6元はどうだ？」というアイデアが浮かんだのです。

これは、お風呂に入ったから出てきたアイデアというわけではありません。徹底的に考え抜いたうえで、ふっと力を抜いた瞬間にまったく違う視点で対象を捉えることができたということだと思います。お風呂に限らず、たとえばトイレなどでも、**日常の中でふっとリラックスしたりする瞬間に、ぱっとアイデアが閃くというケースは少なくありません。**

考えることはもちろんとても大切なことですが、ずっと考え続けていれば答えが出るというものでもありません。自分に最適なリズムで、時にはリラックスしながら、ということも大切な気がします。

ゴールまでのプロセスを楽しむ

目標が設定できたら、そこにひたすらまっすぐにたどり着けばいいのでしょうか。私は、実はそうは思っていません。

目標は常に意識して、そこへ向かって一歩一歩進むことは重要ですが、**ゴールにたどり着くことだけがすべてではない**、とも思っています。より高い目標であれば、ゴールにたどり着くまでに、さまざまなものに触れ、経験するはずです。そのプロセスも大事だからです。

私は若い頃、よく研究室の仲間たちと登山をしていました。意味もなく数学や物理の参考書を持っては山に登り、山頂で議論をしました。まぁ、それ自体は気分転換みたいなもので、別にやらなくてもいいことなんですけどね。

そんな私にとっての登山の楽しみ、喜びとは、登頂の瞬間ではありません。麓から頂を眺めて、登山ルートを考えている時。「今日はあのルートをたどってみよう」とか、「いや、あっちのほうが眺めがよさそうかな」とか。実は、このルートについて考えている瞬間こそが、最も楽しいと感じています。

人間にとって考えるということは、この登山と同じことなのです。どういうことかと言うと、「征服したい山頂を決める」ことは、「自分の興味のあることを見つけて目標とする」こと。つまり、これだけの期間でここまで達成する、という目標を決めることです。山頂が高ければ高いほど、つまり目標が高ければ高いほど、そこに到達するまでに大きな困難がともなうことが予測できます。

そう考えれば、やはり目標は高いほうが楽しそうだとわかりますよね。そして、その「山頂へと至るルートを考え、一歩一歩近づいていく」というのが、「目標を実現するためにどうすればいいかについて考え、一歩一歩近づいていくこと」なのです。

当然、登山には山頂を征服したという喜びもあります。ただ、楽しみはそれだけではないはずです。山頂へと至るまでの、登ること自体にも楽しみがあるはずなのです。

山頂へ登ればいい、つまり答えがわかればいい、というのではダメです。場合によっては、麓から見ていたら山頂だと思っていたところが、実際に登ってみると違っていた、ということがあるかもしれません。その時に、きちんとしたプロセスを経ずに山頂まで一直線に登っていたら、真の山頂までたどり着くことができないかもしれません。**本当**

■ ゴールまでのプロセスを楽しむ

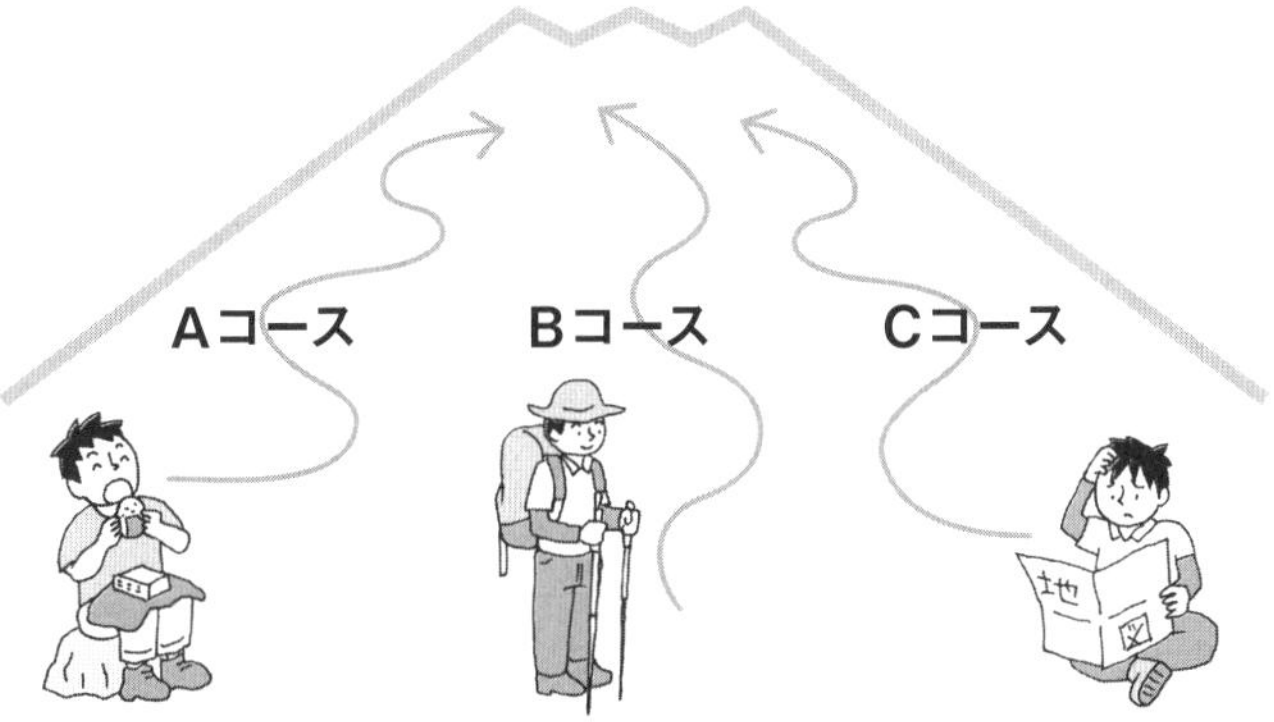

**目標を実現するためには、山頂に至るまでの
さまざまなルートを考え、時には回り道をすることを必要**

の意味で山頂へとたどり着くためには、時に遊び心やムダ、回り道などを経て、あらゆる可能性に対応できる力を養っておくことも必要なのです。

子どもに対する教育にたとえるのは失礼かもしれませんが、子どもを指導するうえで大切なことは「勉強を教える」のではなく、「勉強する習慣を身につけさせる」ことです。ただ一直線に答えへとたどり着く方法でなく、答えにたどり着くまでに寄り道をしたり、景色を楽しんだりしてこそ、本当に学ぶことができるのです。

私は物理学者ですが、大学に入学した当初は数学をはじめとする他の分野にも興味がありました。そのため、きちんと専攻を決めるまでさまざまな研究室をフラフラと覗いて、いろいろなことに首を突っ込んでいました。

そんな、いわば思考の遊びを経て、私は見聞を広めることもできたし、生涯の友人もできた。そんなわがままさ、気ままな時間を経験したことによって、なんとなく得意だと感じていたことを才能へと育て上げることができたのかもしれません。

自分の興味・関心、才能に気づくことができたら、なるべく回り道をして、最終的に興味・関心のある方向へと力をまとめていく。それが「自分力」を高めることに通じるはずです。

第4章

人と向き合うことで「自分力」を磨く

「チーム力」によって目標に近づく

自分としっかり向き合い、一生懸命にムダなことに取り組んできたことが、私の「自分力」の向上に役立ってきたというお話をしてきました。もともとひとりが好きな私ですが、多くの人から影響を受け、その一つひとつが現在の私を形づくってきたことは間違いありません。

ここからは、人と積極的に関わることで「自分力」が磨かれる、ということについてお話をしたいと思います。

私が最も大きな影響を受けたのは、やはり師匠である坂田昌一先生でしょう。坂田先生は、いい弟子をたくさん育てたと評価されています。たしかに、先生は私たちを指導してくださいましたが、その指導方法が特別だったというわけではありません。坂田先生自身に、人を集める魅力が備わっていたのでしょう。

そんな坂田先生は、学問や研究に関して「最良の組織と最良の哲学があれば、凡人でもよい仕事ができる」という考え方をお持ちでした。また、常々「研究はひとりの天才によって行われるものではなく、組織的に行われるものだ」ということもおっしゃっていました。

私はその考え方に魅力を感じて、名古屋大学の理学部へと進学したのです。先生に引っ張られるようにして、物理学、なかでも素粒子に惹かれていきました。坂田先生の哲学が、いわゆる「チーム力」を重視するようなものだったからこそ、いい弟子をたくさん育てたという評価につながっているのだと思います。

研究とは、多くの場合にはひとりで考えてひとりで結果を出すものですが、当然のことながら、ひとりではできないこともあります。**一人ひとり異なる個性や得意分野を持ち寄って、お互いに補完しあいながら研究を進めることができれば、より効率的に目標へとたどり着くことができます。**ビジネスの世界なら、なおさらでしょう。

知る楽しみを知っている人、憧れを抱いている人、目標が定まっている人たちが集まれば、やはりお互いに刺激にもなりますし、励みにも力にもなります。人に影響され、人に影響を与えながら、最終的には一人ひとりがより高度な目標を達成することにもつながるはずです。

坂田研究室では、研究について手取り足取り指導していただいたわけではありません。

それぞれの興味・関心は異なりますから、言うなれば、そこへ至るために各人が正しいスタートラインに立っているかどうかをチェックするだけです。

坂田先生は、**たとえ凡人であっても、目標にたどり着くための正しい位置に立っていれば、自ずとそれぞれのゴールへ向かって走り出すことができる**と考えていました。この坂田先生の哲学は間違っていない、と今でも思っています。当然、ゴールへと走り出すためのエネルギーとなる情熱や憧れは不可欠ですけどね。

まずは、一人ひとりが憧れとロマンを抱き、その憧れに近づくための目標を定めること。その目標へとたどり着くためのプロセスは、読書であり、考えることであり、そして興味のあることに首を突っ込む好奇心です。そして、人と関わることも、それらの延長線上にあるのです。

ただ、私自身の研究スタイルは坂田先生の哲学とはずいぶん違っていて、ひとりで興味のあることを追求するというものになってしまいましたが……。

最初に「自分力」について、自分の興味・関心を突きつめて、結果を出す力のことだと言いましたが、それは今までにないことに挑戦できる創造性と言い換えることもできます。そして、この「自分力」の成果として、ひとりで何かを作り出す場合もあれば、誰かを巻き込んで、チームで成果を残すこともあるでしょう。

つまり、誰かと関わることでリーダーシップを発揮し、自分の興味・関心を実現するということもありうるわけです。私は理論物理学でしたから、これまで多くても2〜3人としか研究を行ってきませんでしたが、それでもやはり人と関わりながら何かを成し遂げることはとても大きな意味があると思っています。

教えること、教えられること

私が大学生の頃のことですが、数学の先生から出された課題が、今でも鮮やかな印象に残っています。1から6まで問題があったのですが、1から順番に解いていくと、最終的にかなり難解な数学の定理を証明しているのです。解答した自分が驚くくらいのむずかしい証明です。その時はその鮮やかさに、ただただ驚くばかりでした。後から考えると、こういうのが導かれるということなのだろうなと思いました。

私も教授として出題する側になった時に、そういう本当の意味で「考える」問題、解いて楽しい問題を出題したいと思いましたが、なかなかむずかしいですね。今のところ、これはよくできた問題だと自分を褒められるような問題は出題できていません。

そう考えると、人を教える、指導するというのはとてもむずかしいことだと感じます。私は、いわゆる学部生を教える機会はほとんどありませんでした。かなり昔に授業を受け持ったことはありますが、自分がやりたいことをやっているだけだったようです。学生たちに聞くと、「先生はとても楽しそうに授業をされているけれど、何のことかさっぱりわからない」と言われたことがあります。

大学院生も指導しましたが、「何かをやりなさい」と教えるわけではありません。ヒントを与えて、あとは自分で考えて、伸びるなら勝手に伸びてください、という感じです。私自身が指導されるということが苦手だったこともあり、あまり細かく誰かを指導したりする気になれなかったんでしょうね。

逆に、後輩から指導された経験はあります。私は頭の中でいろいろと考えている時間は大好きですが、論文を書くという作業は大の苦手です。そんな私に、「論文の書き方」について指導してくれた人がふたりいます。

ひとりは、私が指導していた学生です。私の論文を読んで、「試験の答案のようだ」というわけです。つまり、答えが合っていればいいだろうと思いながら書いているのではないか、という指摘です。実を言えば、たしかにその通りで、論文において最も大切なのは結論なのだから、読んで結論が理解できればいいだろうと考えていました。

ところが、彼が言うには、文章というものは何が言いたいのかをはっきりさせて、一番読んでもらい部分をどのように強調するか、ということが大切なのだと言うわけです。たしかに、そうやって内容にメリハリをつけることによって、より読みやすく、理解しやすい論文になりました。

彼に言わせると、論文というのは書けばいいというものではないのだということ。読んでもらわなくては意味がないのです。たしかに、メールなどの普及にともなって、論文を発表するのも一分一秒を争う、というケースもでてきました。そうなると、一秒でも早く読者に「読みたい」と思わせるような内容であることも大切なのかもしれません。

もうひとりは、名古屋大学の濵口道成総長です。彼は、大学に必要な予算をとってくるのが、実に上手なのです。

予算獲得には、具体的な研究内容を記した申請書が必要になってきます。各部署から濵口総長に申請書が提出されると、呼び出されて「ここところを、こんなふうに直してほしい」と必ず注文を出してくるのです。その通りに直すと、実に説得力のある申請書になっている。もう彼とは長い付き合いで、英語の苦手な私を家族ぐるみで海外旅行へ連れ出してくれる大切な友人です。海外でも実に堂々と、きめ細やかに案内してくれるのが嬉しいですね。

このふたりは、偶然ですが、ふたりとも男声合唱団のメンバーです。音楽をやっている人は、やはりそういう芸術性というか、伝わりやすさ、理解しやすさ、といったことに常に注意しているものなのかもしれません。

私はそれまで、論文というのは伝えたい論理、証明された真実などが間違いなく正確に記述してあれば事足りるものだと考えていました。つまり、読みやすさのことなど意識したこともなかったのです。ところが、このふたりに指導されて以来、論文に関しても**「伝えたいことが伝わるか」「読みたいと感じさせるかどうか」という点に気をつけるように**なりました。

ただ「正しい」というだけではなく、「読みたくなる」論文であることは大切です。まだまだ、今の論文を読んでもらっても、このふたりには直されてしまうと思いますが……。

自由こそ、アイデアの源

私は、アイデアの多くと自分ひとりの頭の中で格闘し、答えを探してきました。しかし、こうしたことができるようになったのは、それまでに人と接し、人を認め、人と議論できる環境にいたおかげだと考えています。

たとえば、私が最も大きな影響を受けた坂田先生は、「研究する組織は民主的でなければならない」というお考えでした。それは、教授を頂点としたピラミッドのような組織とは異なります。研究室にいる一人ひとりを研究者として尊重し、認め合うということでした。そのため、研究室ではお互いを「さん」づけで呼び合うというのが慣わしでした。

これは素粒子をはじめとする、基礎物理学の伝統と言えるかもしれません。湯川先生がノーベル賞を受賞したことで、京大に湯川記念館が建てられたのですが、それがのちの京都大学基礎物理学研究所となります。その初代教授に、木庭二郎先生がいらっしゃいました。

ところが、この先生は、誰か知らない人が「木庭先生」と話しかけると、「私はあなたにお教えしたことはございません」と、先生と呼ばれることを拒否なさるのです。実際に教えた人でないと、先生と呼んではいけません、と。そうやって、呼称から上下関係をなくすことによって、お互いに好きなことを言い合える雰囲気が作られるようになっていったのでしょうね。

そもそも、素粒子論グループというのは、湯川先生が大阪大学、京都大学で作られたものです。名古屋大学に物理学研究室が開設されたときに坂田先生が来られたので、私が大学に入学した頃は京都大学の湯川先生のところと、名古屋大学の坂田先生のグループを中心に、研究成果について交流したり研究方法について議論したりする中間子討論会を行っていました。

その頃のことですが、坂田研究室の引っ越しに際して、戦前の「素粒子論研究室」という看板を研究室に掲げた助手の方がいました。すると、坂田先生はその看板をはずしておっしゃいました。「『素粒子論研究室』は『E研』(エレメンタリーパーティクルス=素粒子のE)です。素粒子論研究室と言ってしまうと、その名前が学問の内容を固定してしまう。学問というのは、その発展状況によって変わっていくものなのだ」と。

「素粒子論研究室」という名前では、その頃の研究内容を表すことができていなかったんですね。上下関係など関係なく、自由な発言を促すための「さん」づけをはじめ、研究内容についても「自由」を強く意識していらっしゃったのだと思います。

このことからわかるのは、**「議論しあうことの大切さ」**です。

たとえば、研究室で議論していて、「先生、そこ、間違ってます！」とは言いにくい。だから、「先生」とは呼ばない。うっかり「先生」と声をかけたりすると返事をしてもらえませんから、注意が必要です。先生や先輩に対しても、ひとりの研究者として言いたいことを言わなければダメです。おかげで、研究室のメンバーたちとはよく議論をしました。夏休みに合宿をして夜通し議論したり、登山をして山頂で議論したり。そんな楽しい時間は今でも忘れられません。

このような、**好きなことを言い合える環境というのも、ものごとを前へ進めるうえでとても大切な要素の一つ**です。たとえば、企業などでも、役職などで呼び合うのをやめにして、社長から新入社員まで全員「さん」づけで呼び合えば、会議などでも、もっと活発な意見が出てくるのではないかと思ったりもします。

議論は自分との対話である

私は学生時代から、誰彼かまわず議論をふっかけていました。と言っても、相手に答えを求めているわけではありません。いわば、「議論のための議論」であり、いわゆる「いちゃもん」みたいなものです。

ところが、最近は議論をする機会が少なくなっているのではないでしょうか。カドを立てるよりも、なんとなく同調しておいたほうがいいような、そんな時代の気分を感じます。学生の頃ならまだしも、社会人ともなればケンカするほどの勢いで誰かと議論するのは、さらにむずかしくなるでしょう。

さすがの私も、今ではそんな「いちゃもん」もできなくなりました。人の意見は聞いても右から左へ流れるか、あるいはまったく聞かないか、わざわざ人に議論をふっかけるなんてことは若いからこそできたことだったのでしょう。振り返ってみると、こうした若いからこその「議論のための議論」は、「自分力」を高めるための大きな要因になっていた気がします。

そのキーワードが、ブレイクスルー、いわば「突破口」ということです。**議論を通じて自分の頭の中にある抽象的なものを、言葉に置き換えることができるうえに、議論には思考を飛躍させる効用があると**思うのです。

たとえば、ひとりで何かを考え続けていると、どうしても壁に突き当たってしまうことが少なくありません。同じところをぐるぐると回ったり、進んだり戻ったりしてみたり。私はこれを「**思考の隘路**」と呼んでいるのですが、一度これにハマり込んでしまうと、容易には脱出できません。

そんな時こそ、ディスカッションが有効です。ディスカッションの相手は、必ずしも自分よりも知識や経験が豊富である必要はありません。極端なことを言えば、若い学生だっていい。そういう人に自分の考えを話しているときに、たとえば相手が首を掻いたりします。もしかしたら、それは本当にただ首がかゆかっただけなのかもしれません。でも、そのしぐさを見て、私は「あれ？　なんか変なことを言ったかな？」と思うわけです。そこから自分の言葉を反芻してみる。すると、今まで気づかなかったことに気づくことがあるのです。

つまり、相手に教えてもらうのではなく、**ディスカッションを通じて自分が考えてい**

■ 思考の撹拌作用

ディスカッションを通じて自分が考えていることの
間違いや欠点に気づくことができる

ることの間違いや欠点に気づくことがあるわけです。ですから、私はそれを「**思考の撹拌作用**」と呼んでいます。

もちろん、共同研究の相手と、お互いに考えていることやアイデアなどを出し合うことによって思考を深めることもあるでしょう。特にビジネスなどでは、個人プレーではなくチームで動くことが多いぶん、人の意見やアイデアを参考に練り上げていく、というケースも少なくないはずです。

ただ、自分が考えていること、突き当たっている壁は自分にしかわかりませんし、答えは相手が教えてくれるものではありません。あくまでも、答えは自分で見つける必要があるという意味で、**相手に答えを求め**

ないディスカッションが重要です。自分が発した言葉や考えていることが、相手にどのように伝わるか、相手がどのような反応を返すかによって、自分の考え方や言葉が自分自身へと跳ね返ってきます。

自分で考えることに煮詰まったら、ディスカッション。そしてディスカッションをする時には、相手の言葉はもちろん、どのような言葉が自分に返ってくるかにも耳を傾けるといいでしょう。

天才の頭の中を知りたい

学生時代は、とにかく誰彼かまわず議論をふっかけては怒らせていた――。そんな私ですから、今は亡き科学の巨人たちとも、ぜひ一度議論してみたかったと思っています。

そう言えば、大学時代に物理学系勉強会のメンバー5、6人で勉強会のグループを作っていたのですが、そのグループ名は「DEPHIO」というものでした。これは物理学や数学などの巨人たちの頭文字をとって私が名づけたもの。若さゆえとはいえ、その当時の憧れの気持ちが今も残っているからこそ、今まで研究を続けてこられたのかもしれません。

私が議論してみたかったトップ3は、アルベルト・アインシュタイン、レフ・ランダウ、リチャード・P・ファインマンの3人です。

なぜこの3人なのか――。前にも言いましたが、科学というのは真理を追究するものです。ですから、論文に書いてある内容が真実で、読む側が文章を理解することができれば、その内容は理解できるはずなのです。ところが、この3人に関しては発想の次元が違いすぎて、ついていくことができません!

ファインマンはノーベル賞を受賞したアメリカの物理学者で、1986年に起きたNASAのスペースシャトル「チャレンジャー号」の事故調査委員になっています。

彼はもともと理論物理学の専門家ですが、専門外の工学的な視点からOリングの問題をズバリと言い当てた、という逸話が残っています。私たちとは発想の次元がまったく違っていて、「経路積分」や「ファインマン・ダイヤグラム」「ファインマン=カッツの公式」など、非常に便利で天才的な手法を発表しています。

さらにすごいのが、ロシアの物理学者であるランダウです。ノーベル賞を受賞したヘリウムの理論的研究以外にも、さまざまな理論を提唱しています。

■ ノーベル賞受賞の三人の巨匠

ファイマン（1918－1988　アメリカ）	1965年 ノーベル物理学賞	経路積分 ファイマン・ダイヤグラム ファイマン＝カッツの公式 チャレンジャー号の事故調査委員
ランダウ（1908－1968　ロシア）	1962年 ノーベル物理学賞	ヘリウムの理論的研究 フェルミ液体 プラズマ振動の理論
アインシュタイン（1879－1955　ドイツ）	1921年 ノーベル物理学賞	光電効果の法則の発見 ブラウン運動の理論 特殊相対性理論 現代物理学の父

たとえば、「フェルミ流体」、「二次相転移の現象論」（ランダウ理論）、「プラズマ振動の理論」（ランダウ減衰）など。ランダウ理論を超伝導へ拡張した「ギンツブルグ＝ランダウ理論」を読んでみるとすごいですよ。まだ証明されていないことについて、非常に自信を持って論理を展開しているのです。

ですから、2ステップくらいまではついていけても、その先となると飛躍しすぎていてまったくついていけない。

ランダウに言わせると、物理というのは現象から飛躍して答えを出すものなんですね。数式で論理的にきちんと追いかけていけるものは、物理ではなく応用数学だと断言しています。
そして、アインシュタインは、彼らよりもさらに上でしょう。
彼は「光量子仮説に基づく光電効果の理論的解明」でノーベル賞を受賞するわけですが、それと同時に発表された「ブラウン運動の理論」「特殊相対性理論」に関してもノーベル賞を受賞できる研究成果でした。3回ノーベル賞を受賞していてもおかしくない実績です。

もともと私が物理学に興味を持つきっかけとなった人物ですし、もし会えるならぜひ一度会って話をしてみたいですね。どうやってその論理にたどり着いたのかをたずねてみたい。もしかしたら、同じ人類じゃないのかもしれないという気がします。

日本の物理学研究者で言えば、今はアメリカにお住まいですけど、やはり南部陽一郎先生ですね。南部先生は研究の成果をきちんと論文としてまとめる前に、興味・関心が他のことへと移っていかれる方なのです。数多くの功績を残されていて、ノーベル賞委員会もずっと注目していたと言われています。ところが、南部先生のどの仕事に対してノーベル賞を与えればいいのか、よくわからなかったみたいなのです。

南部先生は偉大なるアイデアマンで、さまざまな研究やアイデアの種を蒔いては、その成果をきちんと刈り取る前に興味がどこか別のところへ行ってしまわれている。ですから、私たち後輩にとっては、いい種をたくさん蒔いておいていただけたという感謝しかありません。

こんな私が今あるのも、恐れながら、天才たちへの憧れ、ライバルに負けたくないという想いがあったからこそです。私も後輩や仲間から「ディスカッションしたい」と思われるような人でありたいですね。もちろん、若い人たちからの議論はいつだって受けてたつ覚悟でいますよ。

現代科学は団体戦

第1回のノーベル物理学賞を受賞したのは、いわゆるレントゲン写真で知られる、X線を発見したヴィルヘルム・レントゲンです。

彼が1895年にX線を発見した時、思い浮かんだアイデアをもとに自分で実験装置を組み、その実験結果を自分の手で解析しています。当時の物理学の分野では、まだひとりですべてを行うことが可能だったということなんですね。アイデアの最初からそれを実証する最後まで、自分ひとりでやることができれば、これほど楽しいことはありません。

私は理論物理学者ですから、理論を構築するうえでは、自分の頭の中だけで作業が可能でした。ところが、現代の物理学の研究分野において、実験や解析をたったひとりで行うことは不可能です。科学のあらゆる分野で役割分担が進んでいて、人と関わることなしには、結果を出すことは不可能と言っても過言ではないでしょう。レントゲンの時代よりも科学ははるかに進歩を遂げていますから、それだけ複雑化しているということなのです。

私が発表した「6元クォークモデル」に関しても、その実証実験にあたっては、巨大な実験装置と数千人規模の実験物理学のチームによる、数十年という時間が必要でした。このトップクォークを見つけるための実験施設に私もお邪魔したことがあるのですが、本当に巨大です。スイスのサーンというところにある欧州原子核研究機構で実験を行っているのですが、全長30キロメートルもあるようなトンネルを地下に掘って、その中を真空にしたうえで素粒子と素粒子を正面衝突させるのです。

最初はもっと規模が小さかったのですが、トップクォークという最後のクォークが予想外に重かったんですね。トップクォークを出現させるためには、素粒子を光速に近い速さまで加速しなければならず、だんだん加速器の規模が大きくなっていきました。クォーク以外のさまざまな粒子が発生するから、ノイズも多い。本当にトップクォークが発生しているかどうかは、あとから細かく分析しないとわかりません。「6元クォークモデル」が実証されたのは、本当に莫大な費用と多くの人たちの努力のおかげなのです。

そう言えば、実験チームの人に聞いた話ですが、その人が実験チームの会合に出席するために、ドイツのある空港に降り立ったときのことです。空港にいた人にミーティングの場所までの道をたずねたそうです。そうすると、丁寧に教えてくれた。教えられた通りに歩いて行こうとすると、その人もずっと後をついてくる。偶然だなぁと思っていたら、なんと同じミーティングルームへ入っていく……。実は、彼らは同じチームの一員だったのです。それぞれ実験の論文には名前が掲載されていますが、数百人という人数ですからね。当然、顔を知らない人もたくさんいるわけです。

このようなトップクォークの実験設備に限らず、現代の科学研究においては、「チーム力」が必須になっています。

たとえば、考古学。私が小学生くらいの頃は、教授、助手、技官といった5、6人くらいのチームで細々と発掘調査を行っていました。ところが今は、1000人単位の人を雇って一気に発掘調査を行います。全員首から笛をぶら下げ、何か出てきたら、すぐにそれを吹くそうです。そうすると、全員が一斉に作業を中断して確認する。現在注目を集めている生命科学の分野などでもそうですが、やはりスピードを出すためにも、大きなチームで動いたほうが効率的なのでしょう。

今後、科学が全体的に大きなチームで動くようになっていくのなら、日本人に向いているかもしれません。と言うのも、麦なら、いつ種を蒔いてもきちんと収穫することができますが、稲はそうはいきません。苗をきちんと育てて田んぼに植えたものを育て、収穫する必要があります。きちんと手順を踏んで、役割分担して臨むというチームワークは、稲作民族の日本人向き。もしかすると、今後、科学の分野は日本人にとって有利な環境になっていくかもしれません。

チーム力と言うと、個人力の対となるもので、「才能」や「自分力」とは関わりがないような印象があるかもしれませんが、決してそんなことはありません。「才能」というのは一人ひとり異なるものであり、得意分野やアイデアもそれぞれに異なります。ですから、「三人寄れば文殊の知恵」ではありませんが、一人ひとりがバラバラに別のことをやるよりも、**同じ目標、情熱を持つ人たちでチームを作ったほうが効率的なことはたくさんあります。**

さらに言えば、ひとりでは実現できないことだって少なくないのです。「自分力」とは、自分の才能を見極め、それを最大限に発揮して目標を達成する力です。だとすると、**目標を達成するために他の人の才能を利用するのもありだということ。なにも「自分ひとり」ということにこだわる必要はない**のです。

ですから、これからはケース・バイ・ケースで、時にひとりで、時にチームで、必要に応じて最適な組織を作ることができる、ということがとても大切になりそうです。

異なる価値観を認める

最近の科学の研究が大きなチームで動くようになっていると言いましたが、私自身の研究生活は、基本的には単独の狩猟民のようでした。それでも、気の置けない友人たちとの関わりの中で得られること、刺激を受けたことは数え切れないほどたくさんあります。

なかでも、一人ひとり異なる視点、着眼点の違いはおもしろいと感じました。そういう**着眼点の違いを尊重し、認め合うことで、自分の中にも幅ができます**。そしてそれは、そのまま「自分力」を高めることにつながるのです。

私は読書が好きですが、たとえ同じ本を読んでいても、人それぞれ感じることは異なります。学生の頃には、そんな本の感想について、寝る間も惜しんで議論していました。やはり学生の頃は時間があったんですね。

それから映画。学生時代にはよく友人たちと連れ立って映画を観ました。そんな時に私が気になるのは、ストーリーとは関係のない、ディテールなんですね。同じところが気になるという人はほとんどいませんでしたから、これは私独特のことなのかもしれません。

たとえば、「ローマの休日」なら、オードリー・ヘップバーン演じる王女様が飛び出した街の市場で売りつけられる「うなぎ」が、日本で馴染みのあるうなぎとまったく違うことが気になりました。それで調べてみると、ヨーロッパのうなぎは、日本のうなぎとはまったく別物だということがわかったのです。ヨーロッパのうなぎは、メキシコ湾で孵化して大西洋を渡ってやってくる。ところが、日本のうなぎというのは、マリアナ海溝で孵化したものなのです。だから違う、とそんな知識が身につくわけです。

ほかにも、たとえばアラン・ドロン主演の「太陽がいっぱい」なら、ボートの中で食事をするシーンが印象に残っています。貧しい出自の青年役のアラン・ドロンが、魚を食べる時のナイフとフォークの使い方を見られて、金持ちのお坊ちゃんに「貧乏人はいやだね」と言われてしまうんです。あの魚料理を食べるときのマナーは本当に正しくないのか、なんてことが気になりましたね。

だから、ノーベル賞受賞式典の食事の時に、横に女王のお姉さんが座られたので、魚料理を食べるときの正しいマナーについて聞いてみました。たしかに、映画でお坊ちゃんが説明する通りで正しいのだそうです。

また、同じ映画を観たあとで、みんなで作品についての感想を言い合っている時に、主人公が身につけている服の色のことでケンカになったこともあります。ある人が赤だと言えば、別の人は青だと言う。だけど、後でよく考えてみれば、モノクロ映画だったということもありました。つまり、その時の私たちは、それぞれ勝手に好きな色をつけて、映画を観ていたということになるのです。

私が映画のディテールに興味を抱いたように、一緒に映画を観た友人たちの中にはストーリーに興味を持つもの、登場人物に興味を持つものなどさまざま。だからこそ、一緒に観ることで「なるほど、そういうところに着目するのか」といった自分以外の視点も取り入れることができます。

これは映画だけに限ったことではありません。たとえば、何かについて議論していれば、自ずと相手の論理についても耳を傾け、それについて考えます。そうやって、自分と異なる視点、着眼点に注目し、取り入れることができるということは、自分の考え方に幅を持たせることになります。そしてそれが、「自分力」を高めることへとつながっていくのです。

「自分力」が跳ね返ってきた日

私は理論物理学の分野で、自分なりの興味や関心を突きつめて結果を出す——そんな「自分力」を発揮してきました。ところが、こうした「自分力」が自分自身に跳ね返ってきたことがありました。

1994年のことです。その年の4月26日に、素粒子の実験チームが「トップクォークが見つかった」という発表を行う予定になっていました。

私たち研究者の世界では、論文を書いて、それを雑誌に投稿して、エディターから「論文を受け取った」という返事が届いてはじめて、その論文の内容を発表できます。逆に言うと、たとえどれだけそれがたしかな論文であったとしても、それまでは発表してはいけないというルールがありました。

ところがその時、朝日新聞とワシントンポストが〝ウルトラC〟を使ったのです。どういうことかと言うと、「トップクォークが見つかった」という情報がインターネットで研究者たちの間に飛び交っている、ということを発表しようとしたわけです。すでに発表の日時も決まっていて、トップクォークも発見されていて……、たしかに間違いではありません。でも、それはまだ我々の口からは言えない。ところが、それをそのままスクープにしてしまったんですね。

朝刊のトップ記事にしようとしているから、朝日はトップ面を隠すわけです。当時は各社の間で、発行前にそれぞれの紙面を見せ合うことになっていたらしいんですが、スクープがある時には隠してもいい、という慣例がありました。それで、他社が大騒ぎになったわけです。何を掲載するんだ？　と。で、いろいろと確認していくと、「トップクォークしかない」ということになってしまったんですね。

その夜は、我が家の電話が鳴りっぱなしでした。新聞社の入稿作業はだいたい夜中の2時ごろには終わります。それでやっと静かになったのですが、今度はテレビです。NHKから電話がかかってきて、「明日の朝にカメラを持っていくから、インタビューに応じてほしい」という依頼です。

もうその頃にはいいかげん面倒になっていたのもあって、私は「東京で学術会議があるから無理です」と断りました。すると、相手もさるもので、「自宅から京都駅まで車で送りますから、ぜひインタビューに応じてほしい」と食い下がってくる。だからこっちも「始発に乗るので無理です」と断ったら、それなら「朝の5時にご自宅へうかがいます」ときた。

こうなると、もう断れなくてね。結局、インタビューを受けて車で京都まで送ってもらい、会議のスタートよりもずいぶん早く到着する始発に乗って東京へ行くことになってしまいました。

自分が達成したいことに向けて、あらゆる努力をする人が「自分力」が高いと言えるでしょう。私は目標達成に向けて、かなりの「自分力」を発揮するほうだと自覚しています。それでも、相手も同じように「自分力」の強い人だと、けっこう強烈なしっぺ返しを受けることもある、というわけです。

トップを意識して走り続ける

いわゆる「事業仕分け」だの、国立大学の法人化など、研究分野に対する風当たりが強くなりました。風当たりが強くなったというか、費用対効果を求められるようになったということでしょうか。

ところが、前述のとおり基礎研究の分野では、理論が実証されるまでに数十年かかることも珍しくありません。にも関わらず、「その研究はどんな成果を生むのか」とか、極端なことを言えば、「どのくらいの利益になるのか」といったことを問われることも少なくないと耳にします。私は、そんなことでは本当の意味でのイノベーションにはつながらない、と危惧しています。

物理学に限らず、研究者にとってその研究成果は世界で一番でなくては意味がありません。他の人がすでに発表しているのと同じ内容の論文を書いても、意味はないですよね。ですから、目指している目標というのは、常に世界一なのです。別の言い方をすれば、唯一無二のものと言ってもいいかもしれません。だからこそ、**本当に価値のあることに対して真摯に取り組む、時間をかけて取り組むという姿勢を、もっと大切にしてほしい**と思います。

それは、学校の勉強においても同じことです。たとえば、試験をして「あなたは○人中○番なので、○○高校にしか入れません」となったら、やる気もなくなってしまいます。そんな順位づけよりも、もっと**「興味・関心」を大きく育て、一人ひとりが「自分が何かで世界一になるにはどうすればいいか」、あるいは「自分は何なら世界一になれるか」を考えられるようになる、そんな教育を推進するべき**だと思います。

科学研究における競争はシビアです。科学論文というのは、「ネイチャー」など、世界的に著名な科学雑誌への掲載という形で世界中に発表されます。研究者が論文を雑誌のエディターに送ると、それぞれの雑誌のエディターが筆者とは別の専門家に依頼して、論文の正統性をジャッジします。

昔は、エディターに論文を送ってから掲載されるまでに半年とか、それ以上の時間がかかったのですが、最近はインターネットのおかげでずいぶん様子が変わりました。論文ができたらすぐに世界中にばら撒くこともできますから、内容にもよりますが、生命科学などの分野では、時には秒単位での競争になってしまうこともあるわけです。

そんなシビアな世界でトップにいることは、やはりとても大変なことですよね。私はもともと競争が嫌いですから、十分時間をかけても成立するような仕事にしか、なるべく関わらないようにしてきました。それが、私なりの「世界一」になるための手段でもあったわけです。

ビジネスの世界で一番というのはなかなかむずかしいかもしれませんが、何をやるにしても**トップの背中が見えるくらいの位置にいることを心がける**といいでしょう。なぜなら、やはりトップが見えていないとモチベーションが続かないからです。

マラソンでは、トッププランナーには必ず〝ラビット〟と呼ばれる併走者がいて、ペースメーカーの役割を果たしています。**ある程度の目印、目標を視野に入れつつ、今できることに全力で取り組む。この姿勢が人を成長させ、成果へとつながっていく**はずです。

ビジネスにおいては、目先の利益も大切なことかもしれませんが、時代の変化のスピードはどんどん速くなっています。今利益の出ることが、数十年先まで続くという保証はどこにもありません。目先の利益にばかりとらわれることなく、本質的な意味で、「今までにないこと」「新しいこと」に挑戦することが大切なのです。

思考を整理し、正しく伝えるために

私は、ノーベル賞の授賞式で日本語のスピーチを行いましたから、英語がまったくダメだということをご存知の方は少なくないでしょう。喋るのはもちろんですが、書くのもダメです。ただ、論文は英語で書かれているので、読むことはできます。

ノーベル賞を受賞した「6元クォークモデル」に関する論文は、私が日本語で書いたものを、共同受賞者である小林さんが英語に翻訳してくれました。私は結局、英語を喋ることも書くことも諦めましたが、これからの時代はやはり、英語で意思の疎通くらいはできたほうがいいでしょう。自分のアイデアや考えていること、実現したいことなどをより正確に誰かに伝えるためには、正しい日本語と英語を使えるようになっていたほうが断然有利だと思うからです。

そして、自分が考えていることを誰かに伝えるという意味で、書くこととの大切さについても触れておきたいと思います。

私は、実は文章を書くこと自体がとても苦手です。研究分野も理論物理学ですから、実験ノートのようなものも必要ありません。論文以外で書くものと言えば、頭の中に浮かんでくるさまざまなアイデアや計算をメモする程度なのです。それは、後から読み直して使うというものではなく、あくまでもメモ。書くことで頭の中で考えていることを整理するためのものです。ですから、前述のようにいざ論文をまとめると、後輩から「試験の答案のようだ」と酷評されてしまうわけです。

頭の中にどれだけ素晴らしいアイデアがあったとしても、それを正確に伝えることができなければ、実現に近づくことはできません。論文も同じで、タイトルの付け方、アブストラクト、本文、結論、と読みたいと思わせるような工夫が必要なのです。

私たちは言葉を使って考えているわけですから、ただ漠然と頭の中で考えているよりも、一度文章にしたほうが整理されて明確になり、客観的に判断できるようになります。最近は、インターネットなどの発達もあって、以前に比べると、とにかくたくさんの文字を読んでいると言われています。読むことはもちろんいいことなのですが、文章を書くことも同じくらい大切なことです。

私が言えたことではありませんが、やはり**頭の中の抽象的な思考を明確な言葉にするためにも、書くことをサボってはいけない**のです。

書くということとは少し違いますが、私の先生のひとりにとても話の上手な人がいました。彼が前日に見たテレビ番組の話をすると、とてもおもしろい番組だと感じるわけです。私も同じ番組を見ていましたが、同じように話をすることはできません。ストーリーを彼なりに要約して、メリハリをつけて、価値観ものせて話をしてくれる。だから、興味深いし、おもしろい。そんなふうに、**自分が楽しいと感じたことや興味のあることについて、正確に他の人に伝える力はとても大切**です。

たとえどれだけいいアイデアでも、自分の頭の中にあるだけでは目標へと近づくための助けにはなりません。たとえ私のようにひとりで考えることが仕事だとしても、考えた内容や結論、導き出された真実などをきちんと整理して伝える、正しく人に理解してもらう、いわゆるプレゼンテーションの能力も必要です。

ひとりでの仕事ならまだしも、何人かのチームで目標達成を目指すなら、人に伝える能力は必須。その差が、結果に大きな影響を及ぼすことは間違いありません。まずは一度、**自分が考えていること、アイデア、結論などを文章にして整理してみる。**そんなトレーニングも、きっと「自分力」を高めることにつながるはずです。

「自分力」で創造性も高まる

ここまで、「自分力」を高めるためのさまざまな方法について紹介してきました。自分自身としっかりと向き合って、自分の中にある興味や関心、得意分野などを見極めて才能を見出し、それを開花させること。これはいわば、「個人力」と言い換えることができるかもしれません。

一方で、人と積極的に関わり、自分とは異なる視点や考え方を得たり、自分が考えていることやアイデアなどを人に伝えたりすることで人を動かし、目標へと近づくこと。これはいわば「チーム力」と言い換えることができるかもしれません。

ただし、「自分力」という意味では、どちらか片方だけではなく、両方の能力をバランスよく発揮することが大切です。

学校の試験をパスするための勉強や、キャリアアップのためのノウハウを詰め込むことだけに終始するのではなく、好奇心のおもむくままにさまざまなことに首を突っ込み、本当の意味で自分のためになる力、すなわち「自分力」を高めていく。自分と向き合うことで発見できた才能を信じ、それをできるだけ磨いて武器にしていく――そんな「自分力」の高い人を目指してほしいと思います。

次章では、こうした「自分力」を活用し、どのように最終的な目標へとアプローチするべきなのか、という例について触れておきたいと思います。

第5章

「自分力」をいかに活用するか

——目標へのアプローチ法

ロマンから創造へ

「憧れ」を抱き、情熱を持って憧れへと近づいていくこと――。それこそが、「自分力」を高める一番の原動力であると紹介しました。**誰もが自分の憧れを具体的な目標とした時に、それは単なる憧れからロマンに変わります。**

勉強や研究、仕事でも、なんでも同じですが、教科書に書いてあることや誰かが教えてくれること、誰でも見たり触れたりできることは、いわばその分野における基礎体力にあたる部分です。この基礎体力があってはじめて、次のステップへと進むことができるのですから、とても重要であることは間違いありません。ただし、決しておもしろいものとは言えないでしょう。

実は、本当におもしろいことはその先にあります。当然のことながら教科書はありませんし、誰も教えてはくれません。自分ひとりで世界と向き合って、問いと答えを見つけ出す、そんな世界です。学校で教えてもらう勉強や、上司や先輩に教えてもらう仕事とはまったく別世界と言ってもいいでしょう。肉体的にも精神的にもキツいことには違いありませんが、そのキツさと表裏一体の心地よい緊張感を楽しんでほしいのです。そのうえで、**憧れやロマンを、最終的には創造へとつなげてほしい**のです。

現代において、何かを創造するのはとてもむずかしいことかもしれません。たしかに、まったくの「無」から何かを創造するのはとても困難なことです。今や科学も進歩して、さまざまなことが解明されつつある時代ですし、そんな中で創造と言っても、それは既存のものの組み合わせに過ぎないと考えてしまうかもしれません。

でも、それでいいのです。要は、どれだけ独創的に既存のものを組み合わせることができるか。それを考えることが創造であり、創造こそ、人が寝食を忘れて打ち込むことができるものだからです。

ここからは、「自分力」をベースにして、目標へと近づき、目標を実現するためのアプローチ方法について紹介したいと思います。あくまでも私の研究生活の中で真理にたどり着くためのアプローチなので、これがそのまま参考にはならないかもしれませんが、それでも何らかのヒントになれば幸いです。

益川流記憶術

私は頭の中で考えることが仕事なのですが、実は記憶することはあまり得意ではありません。これもいろいろなところで話をしたり、書いたりしていますが、なんでもすぐに忘れてしまいます。計算間違いだって、少なくありません。

とはいえ、読んだ論文や参考になるなと感じた公式、調べた事実などを記憶しておいて、それらを必要に応じて引き出して使わなくてはなりません。私自身は記憶が得意ではなかったので、友人たちがいったいどのようにものごとを記憶しているのかということを調べて、自分なりの記憶術を確立しました。

友人の中には、目にしたものをそのまま映像として記憶する、という人もいましたが、私にはちょっとマネできそうもありません。記憶力が悪いなら悪いなりに、工夫をしようと考えたわけです。その一つが、**自分なりの公式をつくる**、ということでした。言い換えれば、**公式をそのまま丸ごと暗記するのではなく、自分なりに抽象化して、その特徴を覚えていく**わけです。

たとえば、「4×6＝24」という公式、あるいは定理があるとします。これを覚えるために、まず私は「この公式の場合は、4と6を入れ替えても同じ」ということを覚えておきます。この特徴をつかんでおいて、これが失われないようにしながら活用したり、応用したりしていく。私の場合は、そうやって特徴となる部分をしっかりと記憶してさえいれば、もしその公式や定理を応用しながらどこかで計算間違いをしたとしても、どこで間違えたのかがすぐにわかるのです。

つまり、徹底的に抽象化してシンプルにすることで、操作しなければならない概念や数をできるだけ少なくする。合理的に抽象化しないと成立しないのでコツが必要ですが、数学者は比較的同じような思考法をしています。

これは誰にでもマネできるわけではないでしょうし、正直誰かにオススメできるものでもありません。それでも、この方法でかなり長い数式を暗算できますし、数十ページにわたる論文の証明もしっかりと覚えることができます。

物理学というのは、もともとシンプルで厳格な学問です。その法則は、世界中のどの国でも、どれだけ環境が異なっていても成立しなければなりません。常にそのような原則について考えを巡らせているわけですから、記憶に関してもシンプルなほうがいいのかもしれません。**対象を徹底的にシンプルにして思考することで、夾雑物《きょうざつぶつ》を取り除いて、本質だけにフォーカスすることができるようになる**のです。そうやってものごとを考えている時というのは、私にとっては会話のようなものです。いわば自分の中のもうひとりの自分とディスカッションしているような状態になるのかもしれません。

私は本などを見たまま暗記することはできなかった代わりに、独自の方法を編み出しました。記憶術だけに限ったことではなく、自分なりの方法論で本質にアプローチするということは、さまざまなことに応用できるはずです。できないからといって諦めるのではなく、**できないならできないなりに、何か独自の方法を考えて、実践してみる**ことです。それこそが、目標への着実なアプローチになるはずです。

真理へのアプローチ法

私を含めて、科学者にとっての最大の目標は、まだ誰も解明していない真実の法則を発見することです。ノーベル賞を受賞した「6元クォークモデル」も、今まで解明されていなかったクォークの存在を証明したことによるものです。私がこの結論にたどり着くまでには紆余曲折があり、先人たちの研究やアイデアによるところもかなり大きかったと言えます。

目の前の問題、課題を解決したり、目標を実現するためには、一つずつアプローチしていく必要があります。論文などを読むとわかるのですが、私が尊敬する物理学者の中には、「どうやったらこんな発想ができるんだ？」と、どう考えてもその思考や論理の飛躍が理解できない人も少なくありません。そういう意味では、私の思考は後からたどりやすいのではないかと思います。

とにかく、私は一歩一歩着実に、真正面から取り組む、というアプローチが好きです。それが正解だったかどうかはよくわかりませんが、それが自分に向いていると考えていましたし、成果を残すこともできました。

そんな、問題に対する取り組み方一つとっても、そのアプローチ方法が物理と数学ではまったく違います。それぞれ特徴的でおもしろいので、ご紹介しておきましょう。

まず、物理の研究者は、同じような例、同じような現象から自分のアイデアを理論化します。つまり「Ｆｏｒ Ｅｘａｍｐｌｅ」を探すわけですね。自分が気になっている、あるいは証明したいと考えている現象と同じような現象が複数あれば、それぞれの本質に迫っていけば普遍的な真理にたどり着きます。

これは、「**思考の具体化**」とでも言うべきアプローチ方法になります。**具体例の中から解法を見つけ、その性質を使って元の問題にアプローチするというやり方**です。私の師である坂田先生が指導されていた「形の論理から物の論理へ」という方法論とも重なります。つまり、「突破口というか、こういう視点があったらいいという視点をつかまえたら、その形で捉えた論理を具体的な例にあてはめて理論化していく」というアプローチなのです。

ところが、数学の研究者たちは何かを証明したい時には、まず反例を探すのです。あらゆる反例の可能性を探し、それでも反例が見つけられなかったとき、反例がないのだからそれは正しいと証明されます。つまり、反例を探すことによって、本来証明したいものの形が明らかになるというわけです。

私は、どちらかと言うと、この数学者たちの真理へのアプローチが好きです。**あらゆる反証を試みても反論できない。それこそが真理に近いと感じる**からです。

真理にたどり着くこと、憧れである目標へと近づくこと。物理と数学という一見すると近そうな分野だけを見ても大きく異なるように、それぞれの最終的な目標に対するア

■ 真理へのアプローチ法

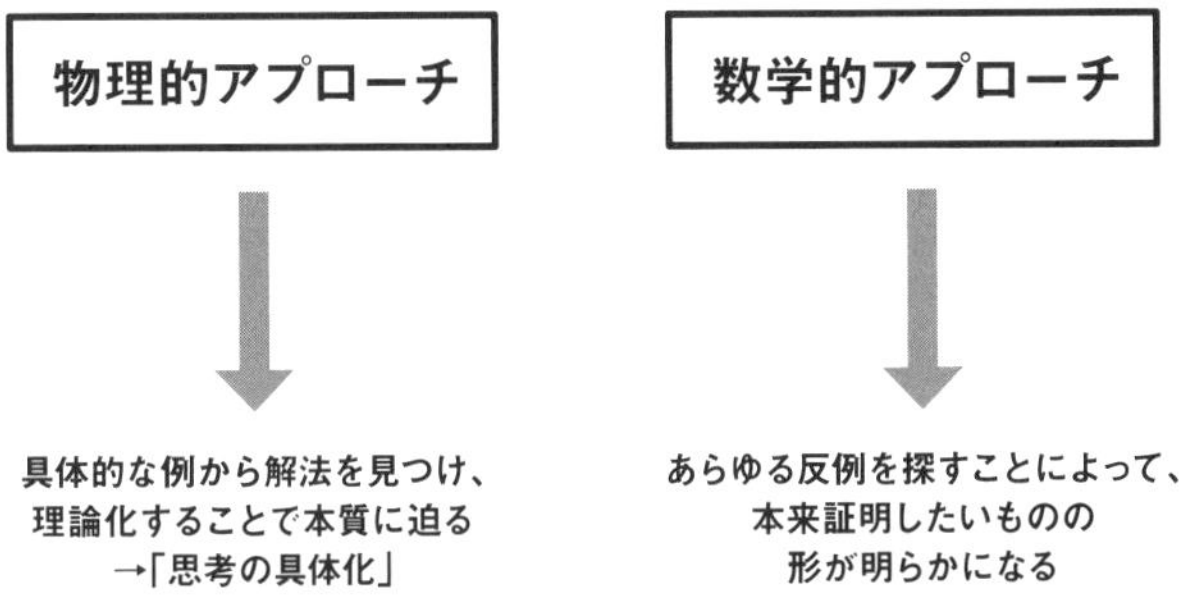
物理的アプローチ
具体的な例から解法を見つけ、
理論化することで本質に迫る
→「思考の具体化」
数学的アプローチ
あらゆる反例を探すことによって、
本来証明したいものの
形が明らかになる

最終的な目標に対するアプローチ法は
一人ひとり違っていていい

プローチは一人ひとり異なっていて当然です。その中から、自分にあった方法を見つけ出せばいいのです。

器用になんでもこなせるような人は、一流の仕事ができないと思うと言いましたが、頭の回転が速くて器用な人は、ちょっと問題を見ただけですべてがわかったような気分になっているような気がしてなりません。

でも、私はそれではダメだと思うのです。逆に、問題を前にしてどっかりと座り込んでしまうような、じっくりと腰を据えて問題に取り組める人のほうが、大きな成果を残せるのではないかと感じています。

ものごとや目標に対する取り組み方は人

それでいいので、単なる好みの問題なのかもしれません。それでも、じっくりと腰を据えて一つのことに取り組むことができるという才能も、「自分力」なのではないかと思います。

結果や成果を急ぐ必要はありません。目標へと向かう一つひとつのプロセスによって、「自分力」は磨かれていくのです。

推敲の大切さ

「自分力」というのは、好きなことや興味のあることを追求して結果へと結びつけるという意味では、どこかわがままで自己中心的なものと見えてしまうこともあるかもしれません。

ただ、「自分力」を高めて目指すものは、決して自己満足に終わってはいけないと思います。単なる自己満足では、決して誰にも理解されないし、誰にも喜んでもらえません。研究者であれば、今まで解明されていない真理を追究しているので、その成果は誰にでも客観的に判断できます。

一方で、ビジネスに携わっている人の場合は、少しわかりにくいかもしれません。自分が考え抜いて「いいアイデアだ」と感じたものは、「すべて正しい」と感じてしまうことがあるかもしれません。

そこで気をつけてほしいのは、研究でも仕事でも、**最初に思いついたアイデアがすべて正しい、などということはまずありえない**ということです。

たとえば研究なら、自分のアイデアについて、考えられる限りのあらゆる角度から反証を探して検証します。それでも反証が見つからない、もしかしたらこれは真理かもしれないと思ったら、レターという簡潔な論文を発表して研究者仲間からの反証を待ちます。それでも反証が出てこなければ、論文としてまとめて発表するという感じです。つまり、できる限りの推敲を重ねて、これ以上ないというところまで突きつめて考えているのです。

研究以外の分野でも同じことです。思いついたアイデアは、あらゆる角度から推敲を重ねて、磨きをかける必要があります。磨きをかけていないアイデア、推敲されていない論理など、人に見せたり話したりするものではないでしょう。ですから、**自分のことを常に客観的に見つめ、自分のアイデアや結論を推敲し、磨きをかけ、時には壊したり、**

捨てたりすることも必要です。

私は読書と同じように、クラシック音楽も好きです。なかでもベートーベンが好きで、週に一度は読書と音楽を心ゆくまで楽しむための山小屋でよく聴いています。

なぜ、ベートーベンの音楽が好きなのか。それは、彼の音楽は決して思いつきだけにとどまることなく、きちんと推敲してあると感じるからです。私は音楽に関しては素人ですが、いい旋律が生まれたらそれをそのままではなく、きちんと丁寧に磨いていると感じられるのです。

それに対して、モーツアルトの音楽は天才的であるとは思いますが、聴いていると、どこかその才能に酔っているように感じてしまい、興ざめしてしまいます。

たとえどれだけいいアイデアでも、きちんと推敲がなされていなければ、それは単なる自己満足に過ぎません。あらゆる角度から見直し、徹底的に破壊する。音楽も、物理学の研究も、仕事も同じで、その勇気とプロセスがなければならないと思っています。そういう意味では、自分の作品を客観的に見てきちんと推敲しているぶん、ベートーベンは「自分力」が高いのだと思います。

大切なのは、まずは**自分のアイデアや考えていることの否定からスタートする**こと。

これは、前述した真理に対する数学者のアプローチに近いものがあるでしょう。とにかくあらゆる否定が成り立たなければ、逆説的にそれが正しいということが証明されるわけです。

　私はこの数学的なアプローチが好きですから、研究をスタートする前にあらゆる可能性について検討します。**最初のアイデアを考えられるかぎりの角度から見直し、間違いを探していく**のです。これを私は「**肯定のための否定の作業**」と呼んでいます。

　たとえば、自然科学の世界では、ある現象を発見してもそれをそのまま肯定することはできません。それ以外の可能性を可能なかぎり考え、その可能性をすべて消し去ったときに、初めてその現象が肯定されるのです。

　もうずいぶん昔のことですが、私が風邪をひいて自宅で寝ていたら、テレビで興味深い番組をやっていました。お昼どきですから、主婦に向けた内容だったのでしょう。何か変なものが写っている写真をひと目見たお坊さんが、「これは背後霊じゃ！」とか言うわけです。「それはないだろ！」と、思わずテレビに向かって独り言を言ってしまいました。背後霊を信じるとか、信じないとかの前に、ひと目見て背後霊はないだろうと思ったのです。

私なら、そのような写真が目の前にあれば、まずはそのような現象が現れるありとあらゆる可能性を考えます。もしかすると、カメラの前を何かが横切ったのかもしれないし、カメラ自体が動いたのかもしれない。そういう可能性を一つずつ全部つぶしていって、それでも説明がつかなければ背後霊だと認めましょう。そういう「肯定のための否定の作業」を行うことなく、ひと目見て「背後霊じゃ！」はダメなのです。

これを一般的な社会に置き換えて考えてみると、最初のアイデアを徹底的に疑って、あらゆる方向から否定してかかるわけです。そうして否定してみても否定できなければ、逆説的にそのアイデアが正しい、という結論が導かれるわけです。

そこまできちんと「肯定のための否定の作業」ができていれば、現状認識としては間違っていない、と考えられます。そのまま一歩一歩、自信を持って目指す目標に近づいていけばいいだけです。

自分の興味や関心を追求して結果を出すためには、この「肯定のための否定の作業」はとても重要なプロセスです。たとえ苦労して構築したものでも、躊躇することなく破壊する勇気と客観的な視点を忘れないようにしてほしいと思います。

予測を立てて動く

「自分力」を活用するうえで大切なのが、予測を立てて動くということです。研究にしてもビジネスにしても、人は何かを始めるときに、必ず予測を立ててスタートするものでしょう。**予測を立てて一つひとつのステップを進むからこそ、目標やゴールへと近づくことができる**のです。

予測というのはえてして外れるものですが、それでもできるかぎり正確に予測したいところです。そのためにどうするか。それにはまず、**現状についてきちんと分析してからスタートすることが大切**です。そのうえで、望む結果を実現するためには、現状をどのように発展させていけばいいのかということを考えて実行するのです。

それでも、最初に予測したとおりの結果になることはめったにありません。それも当然のことです。科学の世界で言えば、予測できる程度の可能性しかないようでは、それ自体たいしたことではないのです。

私は、研究というものは三段階にステップアップして広がり、深まって法則へとつながあると考えています。これは「**武谷三段階論**」と言われるもので、武谷三男さんの「**人間の認識を現象論的段階、実体論的段階、本質論的段階の三段階を経て発展する**」と**捉える方法論**です。

これは、現状がどのような段階にあるのかをきちんと理解して、どこまで進めば次の段階へステップアップするべきなのか、具体的に考えるというものです。

この「**三段階論**」では、「**現象をありのままに記述する段階**」からスタートします。まずは、きちんと現状を把握することからスタートする。そのうえで、次のステップへ向かいます。それが「**対象の構造を研究する段階**」です。そして最後に「**対象がどのような相互作用のもとに、どのような運動法則に従っているのかを明らかにする段階**」へと進みます。つまり、現象を捉えて仮説を立て、それを反例、もしくは具体例などから理論化する、という感じでしょうか。

このステップは、そのまま研究以外のジャンルにも応用できるでしょう。たとえば、ビジネスの世界でも、まずは現状をきちんと認識することからスタートします。そこから最終的な目標へと到達するためには、どのように展開していくべきかを考えます。

このアプローチ、方法論については、もしパッといいアイデアが浮かんだとしても、

■ 武谷三段階論とは?

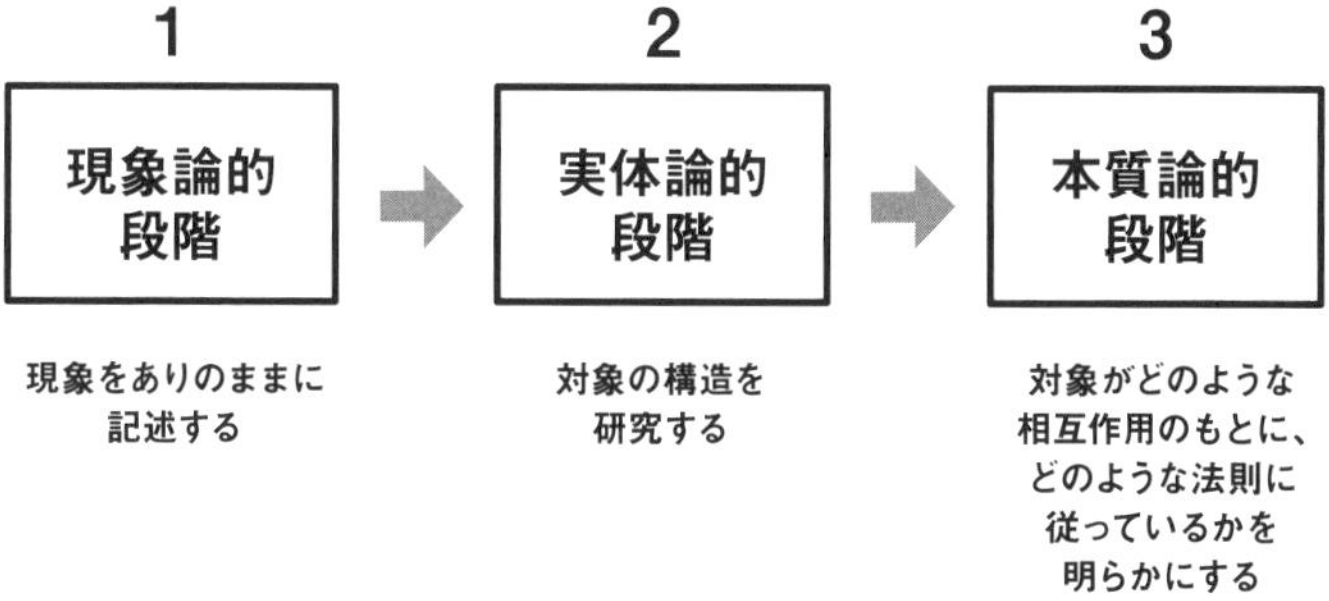
1
現象論的段階
現象をありのままに記述する
2
実体論的段階
対象の構造を研究する
3
本質論的段階
対象がどのような相互作用のもとに、どのような法則に従っているかを明らかにする

最終的な目標にたどり着くための進むべき方向性や本質的要素が見えてくる

前述のとおり、まずはそれを徹底的に否定して、「肯定のための否定」を行ってほしいと思います。きちんと推敲することによって、目標へと到達するために必要な本質的な部分が見えてくるはずです。

そうやって、**この「三段階論」にあてはめて考えれば、最終的な目標へとたどり着くために次に進むべき方向性、必要不可欠な本質的な要素などが、自然と見えてくる**でしょう。

予測を立てて進めたとしても、たいていの場合、予測していたものとは異なる結論にたどり着くことのほうが多いはずです。でも予測と違うこと自体は、問題ありません。大切なのは、**予測と違うことが起こっ**

ているということをきちんと理解すること。プロセスを検証して、何がどこでどのように変化して、予測と違う結論にたどり着いたのかを人より早く気づくことです。いち早くそれに気づくことによって、人より早く次のステップへと進むことができるのです。

結論から最初に戻ってみる

科学研究の分野で、現状を分析し、仮説を立て、反例や具体例などから法則へとたどり着いたとします。さしずめビジネスならば、市況分析から仮説を立て、丁寧なマーケティングを行ったところで、どうやらうまくいきそうなあんばいだ、といったところでしょうか。

そうなると有頂天になってしまい、一刻も早く販売をスタートしたいと考えるかもしれません。でも、そこでいったんストップして、その導かれた結論からもう一度スタート地点まで戻ってみる、ということをオススメします。そうすることで、スタートからゴールへと進むだけでは見えなかった、さまざまな可能性が見えてくることがあります。

私がノーベル賞を受賞した「6元クォークモデル」は、もとをたどれば、師匠である

■ クォークモデルの発展

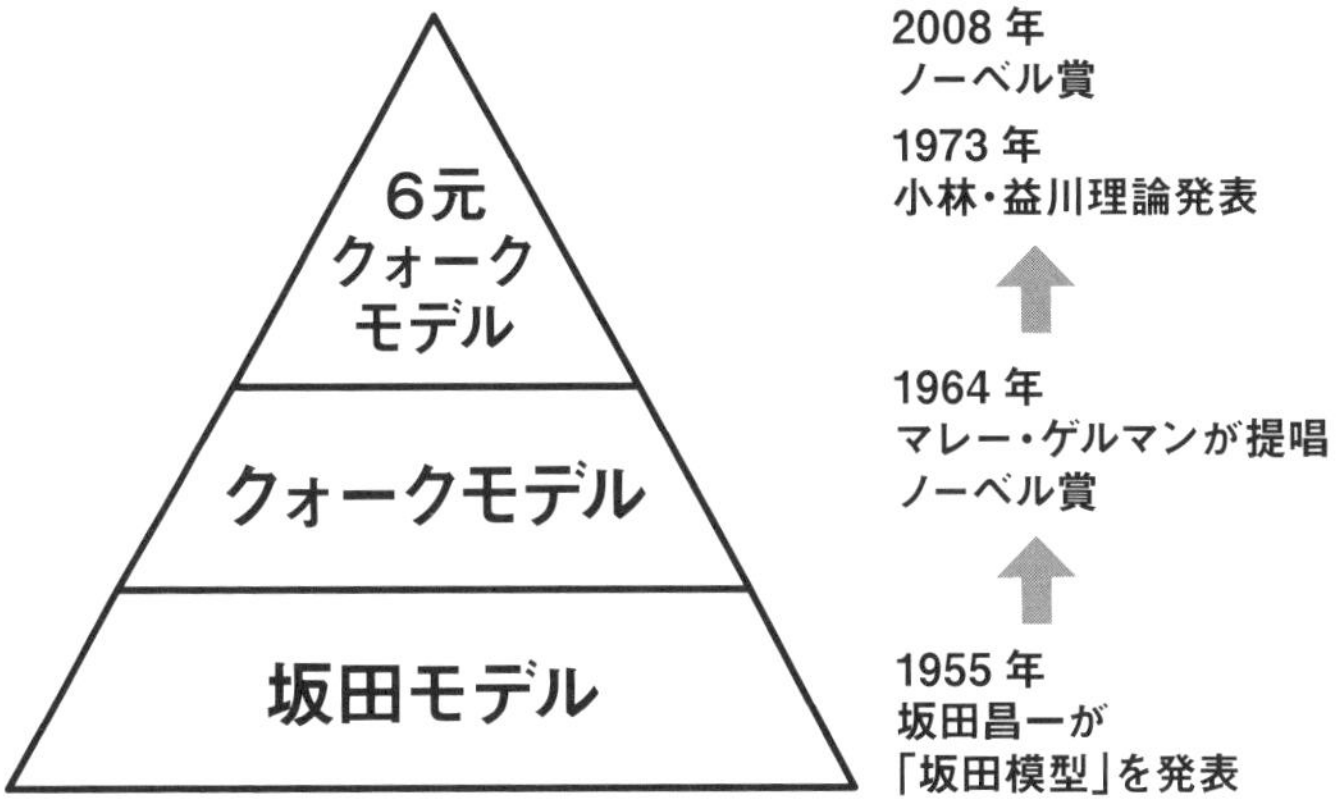

坂田昌一先生の「坂田モデル」になります。１９５５年に坂田先生が「坂田モデル」を発表し、それが１９６４年にゲルマンやツワイクが提唱した「クォークモデル」へと育っていきます。そして、ゲルマンはこの「クォークモデル」でノーベル賞を受賞しています。

１９５５年の「坂田モデル」から9年もの時間があったにもかかわらず、なぜ坂田先生は「坂田モデル」を「クォークモデル」へと発展させることができなかったのでしょうか。

その失敗の一つの原因が、「形の論理から物の論理へ」という坂田先生ご自身の方法論にありました。それは「何か一つ現象というか、理想的な結論のような突破口をつかまえたら、こういう物があるからこのような性質が現れるのだ、と物の理由にまで理論化する」という方法論です。これはいわば、抽象的な概念を具体的にしていく、物理学的なアプローチですね。

しかし、この方法論には一つ欠けていることがありました。それが、「一度成功したものを、もう一度逆戻りしてやってみる」ということです。人間は一つ結論が出てしまうと、それを並立的に考えてしまいがちです。

たとえば、坂田理論を仮にトラック競技のようなものだとします。トラック競技では、スタート地点からゴールまで行くときに、通常は左回りで走ります。そうやって試してみて、よし、きちんとゴールにたどり着いたぞ、となったとします。

そこで、次のステップは「検証」です。「じゃあ、トラックをショートカットしたらどうなるだろう?」とか、あるいは「逆まわりで走ってみたらどうだろう?」といったことが考えられるわけです。

こうして検証を重ね、いろいろと試してみた結果、「いろいろ試してみたけど、たしかにゴールにたどり着けたから、これで正しいのだ」と結論づけてしまいがちです。

ここで注意しておきたいのが、スタートとゴールの位置が変わっていない、というこ

■ 結論から最初に戻ってみる

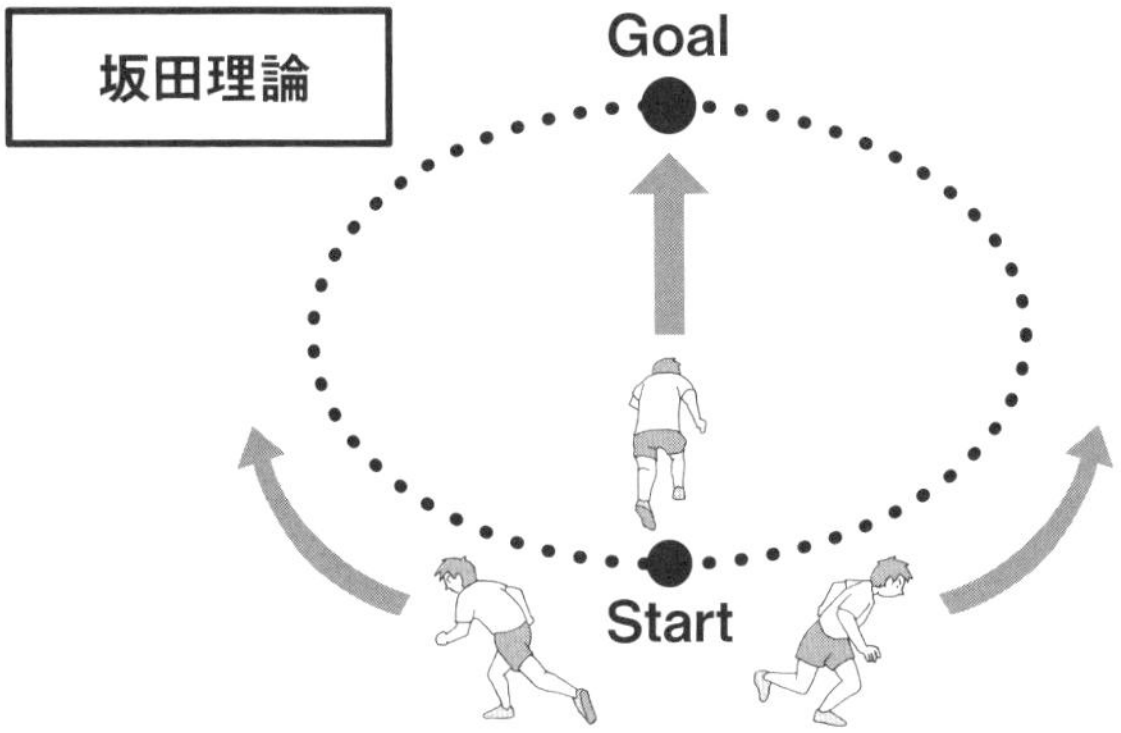

「トラックをショットカットしたら？」「逆回りで走ったら？」と検証した結果、ゴールにたどり着けたので正しいと結論。「一度成功したものを、もう一度逆戻りしてみる」という方法論が欠如している

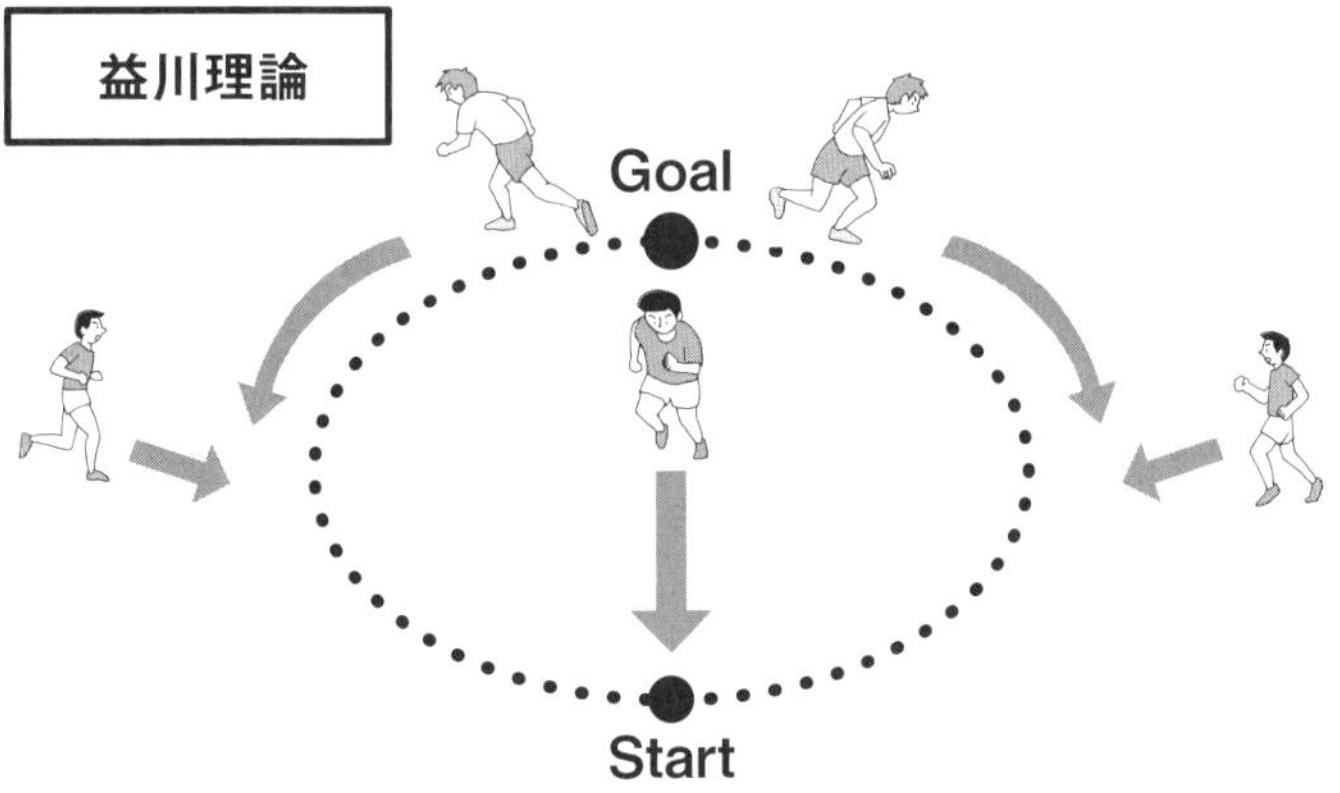

「スタートはここでいいのか？」「ゴールはここでいいのか？」「外から走ってきたら？」と、一度出た結論から逆に論理を組み立て抽象化することで、今まで発見できなかった可能性が見えてくる→「思考の抽象化」

とです。スタートからゴールにたどり着くための方法論を探すのに一生懸命で、「本当にスタートはここなのか？」、あるいは「本当にゴールはここなのか？」という根本の部分に疑問を抱いていないわけです。

もしゴールからスタートに向かって走ってみたら、全く別の風景が見えてくる可能性だってあります。たとえば、「他のランナーたちはトラックの外から入ってきてゴールを目指しているぞ」とかね。**一つの現象を結論から逆に論理を組み立ててみると、今まで見えてこなかった可能性が見えてくることもある**のです。

これを、私は「**思考の抽象化**」と呼んでいます。一つのアイデアに対して、「肯定のための否定の作業」を重ね、それでも正しいという結論にたどり着いたとします。そうしたら、結果から出発点へ逆戻りして考えてみる。「肯定のための否定」によって肯定された論理を、逆戻りして徹底的に抽象化してゆく。そうすると、肯定された論理における現実的で生々しい性質が取り除かれて、とてもシンプルになっていきます。

同じようなメカニズムが他にもあることを考えたことで、その先は自然が選んでくれるはずだと考えたのです。これは私なりの、いわば「益川理論」とでも呼ぶべき方法論なのです。

この「益川理論」をとったことで、私は「6元クォークモデル」にたどり着くことができたのだと思っています。論理を抽象化するなかで、他にもさまざまな可能性が見えてきたからです。

実を言うと、「6元クォークモデル」の論文を発表した時にも、他に考えられる可能性はないかと考えた結果、あの論文の中には二つの別の解があることが示してあります。

そうやって、**一度出た結論からスタートへと戻るプロセスでどんどん抽象化していくと、視野が広くなる**んでしょうね。

研究はもちろん、ビジネスにおいても、視野を広く持ち、あらゆる可能性を探ることが大切です。その中のどこかに、成功や結果へとつながる道があるはずです。

棚上げのススメ

自分が興味のある、楽しいと感じることを追求して、結果を出す力が「自分力」です。

とはいえ、さまざまなリサーチを重ねたり、自分の頭を使って考えても答えが出ない、そんな壁に当たってしまうことは少なくないでしょう。そんな時は、とりあえずタグをつけて「棚」にしまっておく。文字どおり「棚上げ」してしまえばいいのです。

たとえば、私がノーベル賞を受賞した「6元クォークモデル」は、坂田先生の「坂田モデル」があって、そこからゲルマンの「クォークモデル」へと発展して、その上に成り立っています。これらの功績をすべてすっとばして、いきなり「6元クォークモデル」が確立できたかというと、それはありえないでしょう。

しかも、私が理論を発表してから、実験によって理論を証明するまでに30年という時間が必要でした。そういう意味では、あの時、あの環境だったからこそ構築できた理論なのだと思います。

研究に限らずビジネスでも、たとえば、社会・経済環境の変化やインフラなど、さまざまな要因で成否が分かれるものです。**なにごとも、条件が整う、つまり「期が熟す」ことが必要なのです。期が熟せば、自ずと突破口が見えるタイミングが訪れます。**大切なのは、なにがなんでも「今」やらなければとあがくことではなく、そのタイミングを逃さないことなのです。

だから、**今すぐ解決できない問題については、とりあえずタグをつけたうえで別の問題に取り組んでみるのもいい**でしょう。一度しっかりと考えて棚にしまっておいた問題は、時間が経っても忘れるものではありません。時折取り出して頭の中で転がしてみて、突破口が見えそうなら取り組む。そうでなければ、もう一度棚にしまっておく。タイミングが来れば、するすると前へ進んでいくはずです。

「棚上げ」とは少し話が変わってしまいますが、考えて考えて、さらに考えてもなかなか進まなかった思考が、眠っている間に進む、ということもあります。人間の脳というのは不思議なもので、身体が眠っている間も脳は思考を続けているんですね。だから、眠りが浅くなった瞬間に、頭の中にあったことについて思考が進むのです。

学生時代に、四十代の先生からこの話を聞いたのですが、その時は「そんなバカな！」と思ったものでした。「眠っている間に思考が進むのであれば、私は一生眠っていてもいい」と。

けれども、自分も四十代くらいになった頃から、なんとなくそれがわかるようになりました。私の場合は、睡眠時間は4時間くらいでしたけど、その間に浅い眠りが何度も訪れて、その時に眠る前に考えていたことを思い出して考え続けているんですね。

眠っている間に頭の中が整理されてすっきりとして、さらに新たに考えが進んでいる。必ずしもそううまくいくものではありませんが、眠らずに考え続けているよりは、少し眠って、頭の中を整理するというのも必要なことなのかもしれません。

結果に失敗はない

私は今までの研究生活において、失敗したことはありません。こんなことを書くと、いったいどんな天才なんだ、と感じてしまうかもしれませんが、決してそうではありません。要は、たとえどのような結果になったとしても、それを失敗だとは感じなかった、ということです。

人はたいてい、考えていたことがうまくいかないと、ピンチだと考えてしまいます。ところが、私にとってそれは決してピンチではないのです。**ピンチと捉えてしまうと、どう対処するか、という後ろ向きのことだけに関心が向かってしまいがち**です。私は、絶対にそれではダメだと思うのです。

今まで考えていた方法でうまくいかないということは、問題解決のための新たな方法を発見するチャンスです。**マイナスのほうに振れたなら、それをゼロに戻すのではなく、プラスに転ずる方法を考える。**そのくらいの能天気さがあったほうが、ものごとはきっとうまくいきます。

前述のとおり、科学の世界ではあらかじめ立てた予測とは異なる結論にたどり着くことが少なくありません。そして、それは当然のことです。

たとえば、私は最初、それまで3種類だと考えられていたクォークが4種類存在することで「CP対称性の破れ」を証明する理論を構築しようとしていました。ところがいざ研究をスタートしてみると、クォークが4種類だけでは「CP対称性の破れ」は説明できない、という結論にたどり着いたのです。

この結果だけをみると、クォーク4つで説明するというアイデアには失敗しているということになります。ところが、私はこれを失敗だとは感じませんでした。なぜなら、4つで説明するというアイデアについて徹底的に考え抜いたことで、逆に「4つでは説明できない」ということがわかったからです。

徹底的に考え抜いて、それでも説明できなかったことで、私はクォークが4種類存在しているという理論を諦めました。そしてそのアイデアを捨てる、と決心した時に「4で説明できないなら、6ならどうだろう?」というアイデアが浮かんだのです。予測と異なる結果になった時に「ダメだった」と感じているだけでは、何も得るものはありません。

以前、京都大学iPS細胞研究所所長の山中伸弥教授とお話をさせていただく機会があったのですが、山中教授も「最近の学生は実験が予測どおりにいかないだけで落ち込む」というようなことをおっしゃっていました。特に、生命科学の分野では、高度な機器の実験キットを使っているから、創造性を発揮できる余地がない、というようなこともおっしゃっていましたね。

だからこそ、ムダなことへの好奇心や、他の人とは異なる独自の視点といった「自分力」が大切なのだと思います。予測と異なる結果だったからこそ、得られるものが必ずあるはずです。予測と異なる結論に至ったことを、おもしろがってほしいのです。往々にして、予想どおりではないところに、実はとてもおもしろいことが潜んでいるものだからです。

極端な言い方をすれば、**人間の頭で考えられる予想どおりの結果というのは、しょせん「並」の結果でしかない**のです。

私たちは、常に既成概念という枠組みの中でものごとを考えています。けれども、自然というのは人間の既成概念なんて遠く及ばない原理、仕組み、驚きに満ちています。

みなさんもそれぞれの「自分力」を発揮して、この既成概念をぜひ打ち破ってほしいと思います。

目標へと近づくために

自分と向き合う、ムダなことをする、人と向き合う、といったことを通じて、私がいかに「自分力」を高めてきたか、さらには、その「自分力」をどのように使って目標へとアプローチし、結果を出してきたか、ということについてご紹介してきました。

私が考える「自分力」とはどのようなものか、だいたいご理解いただけたでしょうか。

私がこれまでの人生で常にこうした「自分力」を意識しながら生きてきたかと言うと、決してそんなことはありません。とはいえ、人とは違うことを好み、あくまでも自分の興味・関心に忠実に生きてきたことが、現在の私を形作ったことは間違いないでしょう。

昔から「いちゃもんの益川」と言われるくらい議論好きでしたし、ノーベル賞の受賞に際して「たいして嬉しくない」と言ったへそ曲がりな部分があるのも事実です。まぁ、これは論文自体が遠い過去のものでしたし、私たちは別にノーベル賞受賞を目指して研究をしているわけではありませんからね。

私が抱いた「憧れ」は、物理学の分野で新たな真理を発見する、というものでした。それは壮大な「憧れ」であり、果たしてたどり着けるかどうかもよくわからないものでした。それでも、努力を重ね、思考を重ね、先人たちの研究をはじめ、よき師、よき友人たちのおかげで、「憧れ」にたどり着くことができたのです。

みなさんもきっと一人ひとり異なる「憧れ」があることでしょう。それにたどり着けるかどうかは、私にもわかりません。誰でも自分の「憧れ」にたどり着けるというものではないのかもしれません。それでも、やはり自分の「憧れ」を目指し、一歩でも近づく努力をしてほしいと思います。

よりよい未来に向けて

私自身はもういい年ですから、これから新たな目標に向かって邁進するというよりは、好きな読書と音楽を楽しみながら、興味のあることだけを考え続けたい、というのが本音です。まぁ、今までもずっとそうしてきたと言えば、そうなんですけどね。

それでもやはり、未来のことは気になります。まだ大学に身を置いていますから、次世代の育成についてたずねられることも少なくありません。現在の日本の教育に関しても、科学研究を取り巻く環境についても、言いたいことはたくさんあります。ですが、これはなかなかひと言では言いがたい、とてもむずかしい問題です。

私たち研究者にとって、競争相手は常に世界中の研究者たちです。私が大学へ進み、研究生活をスタートした頃は、研究の世界で生きていくためには世界を相手に戦わざるをえなかったのです。日本がまだ経済的に豊かではなかったということもありますが、ハングリーでシンプルで、いい時代だったのかもしれません。

私は研究者のことしかよくわかりませんが、最近よく、人材育成に関して「世界を相手に勝負できる人材を育成する」というような言葉を耳にします。一方で、大学の法人化など、研究分野に対する費用対効果なども問われるようになりつつあります。技術や情報がどんどん進歩して高度化・複雑化していくなかで、研究などにおいても役割が細分化されて効率的になっていくのは、ある程度仕方のないことなのかもしれません。

けれども、そこには私が研究生活をスタートした頃のような、世界ナンバーワンになる、あるいは研究の第一線で世界に先駆ける人材育成という印象が薄くなりつつあるように感じます。研究の世界では世界一でなければ意味がありませんから、ちょっと残念だなぁという気もします。

私は、グローバル化、国際競争力の強化が進められる現在の、そしてこれからの日本で必要とされるのは、決して学校の試験や入学試験、入社試験などで高得点をとれるというだけの人ではないと思っています。

独自の視点からものごとをとらえ、独自のアイデアを実践できる人。自分の信じることを突きつめて考え、時にまわりの人たちも巻き込んで形にすることができる人。いわゆるイノベーションを実現できる人です。学校の試験などで高得点をとることを目指していても、決してそのような人になることはできないでしょう。

では、どうすればいいのでしょうか。

これからの人たちには、もっと自分の「好きなこと」「興味のあること」を見つめ直し、自分自身が持って生まれた才能を見極め、しっかりと目標を設定して、一歩一歩目標に向かって進むことができるような人になってほしいと思います。

一人ひとりが自分の才能を信じ、目標に向かって邁進することができる、そんな「自分力」の高い人たちがたくさん出てくれれば、科学分野だけに限らず、日本の未来はきっともっと明るくなることでしょう。

なにより、たった一度きりの人生です。自分にこだわって、自分のために時間を使わなくてはもったいない。誰かに与えられた目標ではなく、本当に自分自身が心から願う「憧れ」や「夢」を目指したほうが楽しいし、充実した人生になります。

ぜひ、みなさんも「自分力」を高めて、自分の人生を楽しんでください。

おわりに

幸いなことに、私は研究者として、とてもハッピーな人生を送ることができました。その最大の理由は、自分の「好きなこと」「興味のあること」に打ち込むことができたということです。

それが実現できたのは、私の「頭がよかったから」ではありません。私が自分の「好き」や「興味」、「得意・不得意」を意識し、それを磨いてきたからに他ならないのです。たくさんの知識がある、たくさんの経験がある、というのはそれほど大きな問題ではありません。知らないことは調べればいいのだし、経験がなければチャレンジすればいい。

大切なのは、何を知らないか、何を経験すべきかを見極めること。言うまでもありませんが、たった一度の人生で「あらゆること」を経験することはできません。私たちは限られた時間の中を生きているのです。

まずは自分の「好きなこと」「興味のあること」に気づき、それをしっかりと胸に刻んでほしいと思います。そして、それを最後までやり遂げてください。ただ憧れるだけでは、決して近づくことはできません。「憧れ」を胸に刻み、一歩一歩近づいていくことが大切です。そのためには、ある程度のわがままが必要かもしれませんし、自己中心的にならざるを得ないこともあるかもしれません。

私の研究成果は、たまたまノーベル物理学賞という世界的な賞を受賞しました。とはいえ、私はノーベル賞をとろうと思って研究を続けてきたわけではありませんし、ましてや私が天才だったからこの賞をいただけたわけでもありません。私はあくまでも、自分の興味や関心にしたがって研究を続けてきただけのことなのです。

ただし、研究を続けるためには、家族の理解も必要でしたし、よき師、よき友人、よき共同研究者との出会いも必須でした。もちろん、自分なりに徹底的に努力し、とことん考え抜いてきました。自分の頭で考え抜くために、さまざまな知識を得る努力もしましたし、先人たちの思考のプロセスにも耳を澄ませてきました。それらすべての結果として、今の私があるのです。

歴史に名を残したような、いわゆる「天才」と呼ばれる人ほどではないにしても、誰にでもその人にしかない独自の「才能」が備わっているはずだと私は思っています。ところが、多くの人は自分の「才能」に気づかないまま生きているような気がしてなりません。これからの日本にとって大切なのは、そんな、気づかれないまま眠っている一人ひとりの「才能」なのかもしれません。

ですからみなさんも、いち早く自分の才能を見つけ、それを磨き、自分にしかできないことを成し遂げてほしいと思います。

本書では、これまでにいろいろなところでお話したり、書いたりしたエピソードの中から、自分にしかできないことを成し遂げるための「自分力」を高めるためのヒントをまとめました。

大切なのは、「憧れ」です。人生は一度きりですから、「憧れ」を追求して悪いことなどありません。「自分が何をしたいか」「何に興味があるのか」を曖昧にしたまま生きていくことは、とてももったいないことだと思います。

今いちど、子どもの頃に抱いた「憧れ」を思い出してください。そこから才能を見極め、自分力を高めて創造性を発揮していってほしいのです。

今からでも、決して遅すぎるということはありません。その先には、きっとハッピーな人生が待っているはずです。

２０１４年８月　　益川敏英

ノーベル物理学者が教える

「自分力」の磨き方

眠っている己の才能に気づくヒント

2014年10月2日　初版第1刷発行

著者　益川敏英

カバーデザイン　川島進（スタジオ・ギブ）
写真　京都産業大学
本文イラスト　堀江篤史
図版作成　rhyme inc.
出版協力　森由佳（京都産業大学）
構成　多田慎哉
編集　金貞姫

発行者　木谷仁哉
発行所　株式会社ブックマン社
〒101-0065　千代田区西神田3-3-5
TEL 03-3237-7777　FAX 03-5226-9599
http://www.bookman.co.jp

ISBN978-4-89308-828-4
印刷・製本　図書印刷株式会社